# 笑顔のコーチング 新版

Coaching for Smiling Relationship

## 子育て77のヒント

本間正人　小巻亜矢
Masato Homma　Aya Komaki

中村堂

# ❦ まえがき ❦

　笑顔は子育ての目標であり、最良のアプローチです。

　笑顔は「コミュニケーションの潤滑剤」とはよく言われることですが、親にとって、子どもの笑顔を見ることは大きな喜びであり、それこそが目指すべき目標なのではないでしょうか？ところが、日々の生活や仕事に追われるうちに、笑顔が失われてしまい、悲しい表情、つらい面持ちで子どもと接しているという方も少なくないのが実情です。

　本書は 2008 年に上梓された「笑顔のコーチング」（大和書房刊）に加筆・修正し、「新版」として新たに刊行するものです。

　当時は、まだスマホがほとんど普及していませんでしたが、この間のネット環境や子どもたちのライフスタイルの変化は目を見張るものがあります。また、近年、子育てをめぐって悲しい事件、いたましいニュースが増えているように感じます。

　クルマの運転は教習所で学科と実地の勉強を行いますが、子育てに関しては、そんな準備もないままに、いきなり 24 時間態勢で突入するというパターンが多いのです。しかも、子どもの数が減っているので、経験値を次回に活かすというチャンスも乏しいのが現状です。ですから、子どもを社会の宝物ととらえて、みんなの知恵と力で、未来の世代の可能性を育んでいくことが大切なのです。

　私たちは微力かもしれないけれど、決して無力ではありません。

　そんな気持ちから、すべての人が「生まれてよかった」と思える世界を実現するために、NPO 法人ハロードリーム実行委員会が設

立されたのも同じ 2008 年のことでした。

　それから 11 年間に全国 47 都道府県の全てで「笑顔のコーチング講座」を開催し、「ファシリテーター」（講座の進行役）も約二千名を数えるまでになりました。「夢の日イベント」「花と笑顔 こども絵画コンクール」「子育てコミュニケーション（E ラーニング講座）」など、様々な取り組みを行う中で、子育ての基本、親子コミュニケーションの重要性を伝える活動を行ってきました。笑顔は伝染するので、こうしたイベントに関わる人は、だいたい笑顔に感染し、人間関係も改善の方向へと向かっていきます。

　しかし、NPO の活動ですから、開催場所も頻度も限られ、誰もがこうした講座に参加できる訳ではありません。子育てのヒントを必要としている人の元に届けたいという思いで、本書の復刊を企図しました。

　お母さん、お父さん、そして、子育てに関わる全ての人に、コーチングの基本を学んでほしい、また、笑顔が増えるちょっとしたアクションを始めてほしいという気持ちでいっぱいです。

　ですから「本書を読んで終わり」ではなく、ぜひ、1 つでも、2 つでも具体的な行動に移してほしいと願っています。

　あなたのまわりから、笑顔の輪がさらにさらに拡がっていきますように。

2019 年（令和元年）5 月　本間正人

# もくじ

まえがき…♥2

**プロローグ　笑顔のパワーは誰でも引き出せる**

**ヒント01**　毎日を「笑顔」で生きていますか？…♥10
**ヒント02**　子どもの「笑顔」は可能性を切り開く…♥10
**ヒント03**　ありのままの自分を愛せるようになる…♥11
**ヒント04**　コーチングで笑顔を引き出す…♥12

## 第1章　笑顔になるための4つのポイント

**❶愛する　生まれてきてくれたわが子を、「一人の人」として慈（いつく）しむ**
**ヒント05**　愛の源泉は「絆（きずな）」…♥14
**ヒント06**　乳児期はひたすら、子どもとスキンシップを…♥15
**ヒント07**　子どもは所有物ではない…♥15
**ヒント08**　自分を愛する、子どもも愛する…♥16

**❷認める　何を言い出しても、それは可能性の源**
**ヒント09**　子どもの言葉を否定しない…♥18
**ヒント10**　怒りの関わりから対話へ…♥18
**ヒント11**　「認め合い」のルールをつくろう…♥19
**ヒント12**　よいニュースも悪いニュースも受け止める…♥20

**❸聴く　子どもの中の「宝物」を一緒に探そう**
**ヒント13**　子どもの語る突拍子（とっぴょうし）もない「夢」…♥22
**ヒント14**　子どもの夢に「よい」「悪い」はない…♥23

ヒント 15　「好き」と「すてき！」が夢につながる…♥24

❹信じる　どんな子どもも、絶対に「大丈夫」
　ヒント 16　失敗はない、学びだけがある…♥25
　ヒント 17　子どもには自分で学ぶ力がある…♥26
　ヒント 18　キーワードは「待つ」…♥26

第2章　笑顔のためのウォーミングアップ

❶すばらしい自分に気づく
　ヒント 19　笑顔の合言葉は、「まず自分から」…♥30
　ヒント 20　子どもを産み、育てていることはすばらしいこと…♥30
　ヒント 21　しあわせを感じたときはいつ？…♥31
　ヒント 22　自分の笑顔を知る「笑顔っこ」…♥33

❷見方・行動を変えてみる
　ヒント 23　顔と言葉に「笑顔の回路」をつなごう…♥34
　ヒント 24　モニター室から自分を見よう…♥35
　ヒント 25　その日のキャッチフレーズを決めよう…♥36
　ヒント 26　笑いは視点を広げる効果がある…♥37
　ヒント 27　笑っているお母さんが、子どもを笑顔にする…♥38

第3章　「笑顔系クエスチョン」の実践エクササイズ

❶笑顔系クエスチョンの第一歩を踏み出そう
　ヒント 28　笑顔を引き出すカギは、笑顔系クエスチョン…♥40
　ヒント 29　「好き！」は笑顔の基本…♥41

**ヒント 30** 「楽しい」「うれしい」を探そう…♥42

**ヒント 31** あいづち・うなずき・繰り返し──「コーチングの３点セット」…♥43

**ヒント 32** 「尋問・詰問モード」に要注意…♥45

**ヒント 33** あいづちのバリエーションを増やしておこう…♥46

**ヒント 34** 大げさに盛り上げてみよう…♥48

**ヒント 35** 「モノ」を介した笑顔系クエスチョン…♥49

**ヒント 36** 笑顔スイッチを入れよう…♥50


**❷さまざまな笑顔系クエスチョン　その１「宝探し系クエスチョン」**

**ヒント 37** 「笑顔のモト」を分類してみると… …♥52

**ヒント 38** ５つの「宝物」を探してみよう…♥52

**ヒント 39** 出来事の中の「宝物」を探す…♥54

**ヒント 40** 宝探し系クエスチョン①──ラッキー探し…♥54

**ヒント 41** 宝探し系クエスチョン②──学び探し…♥56

**ヒント 42** 宝探し系クエスチョン③──すてき探し…♥57

**ヒント 43** 宝探し系クエスチョン④──ありがとう探し…♥59

**ヒント 44** 宝探し系クエスチョン⑤──ごめんね探し…♥60


**❸さまざまな笑顔系クエスチョン　その２「たとえ系クエスチョン」**

**ヒント 45** 見つけ出した笑顔を、しっかり味わうためには… …♥63

**ヒント 46** 見えない「感情」を、見える「モノ」へ…♥63

**ヒント 47** たとえ系クエスチョンの代表格「色」…♥65

**ヒント 48** 複雑な色の場合は…… …♥65

**ヒント 49** 量を増やすと、見えてくるものもある…♥67

**ヒント 50** 遊べるたとえ系クエスチョン「ボール」…♥68

**ヒント 51** 花・動物・キャラクター──お好みのたとえ系クエスチョン…♥69

**ヒント 52** 季節・天気──子どもと外界を「なかよし」にするクエスチョン…♥71

**ヒント 53** 数字・比較──そのほかの便利なたとえ系クエスチョン…♥72

**ヒント 54** おすすめのアフターフォロー…♥74

**❹さまざまな笑顔系クエスチョン　その 3「ヒーローインタビュー」**

**ヒント 55** さまざまな笑顔系クエスチョンを組み合わせて…♥75

**ヒント 56** 成功体験を語ってもらう…♥75

**ヒント 57** 笑顔のヒーローインタビュー…♥76

**ヒント 58** 対話を通して子どもの未来を開く…♥78

# 第❹章　子どもの夢・未来につながる笑顔のコーチング

**ケース 1** サッカー好きな小 4 の息子…♥80

**ケース 2** 作文を書けなくて困っている小 3 の娘…♥86

**ケース 3** 先生に怒られて落ち込んでいる小 1 の息子…♥93

**ケース 4** 反抗的な中 2 の娘…♥98

**ケース 5** 容姿を気にする高 2 の息子…♥105

**ケース 6** 待ち合わせ時刻に遅れた男の子…♥110

# 第❺章　子どもの笑顔を引き出すためのコーチングスキル

**❶笑顔のコーチングの実践に向けて**

**ヒント 59** 笑顔のコーチング・5 つの法則…♥116

**ヒント 60**「5 ステップの法則」で笑顔のショートカットを…♥118

**❷笑顔のコーチング、12 の実践スキル**

**ヒント 61** 自分の言いやすい言葉で語ろう…♥121

**ヒント 62** ネガティブな言葉は繰り返さない…♥122

| | | |
|---|---|---|
| ヒント 63 | 思わず「尋問」したくなったときは軽くおどけた調子で…♥123 |
| ヒント 64 | 友だちに誘われて「悪さ」をしても「人」を責めない…♥124 |
| ヒント 65 | 子どもが語りにくそうにしているときは、場所を移動する…♥125 |
| ヒント 66 | 「YES・NO」と「自由回答」の上手な使い分け…♥126 |
| ヒント 67 | クエスチョンのタイミングをはかる…♥127 |
| ヒント 68 | ほめ言葉は出し惜しみせずに…♥128 |
| ヒント 69 | 母親のドジ、笑える話を活用しよう…♥130 |
| ヒント 70 | すべっても笑顔につながる…♥131 |
| ヒント 71 | 子どもの様子・変化を観察するコツ…♥131 |
| ヒント 72 | 彼氏、彼女の話も上手に活用…♥132 |

第6章 笑顔のためのQ＆A…♥133

**おわりに　笑顔でありつづけるための提案**

| | | |
|---|---|---|
| ヒント 73 | 他者と笑顔でつながること…♥148 |
| ヒント 74 | 「自分さえよければ」がかえって不幸を呼ぶ…♥148 |
| ヒント 75 | 小さな接触のときに笑顔の種をまこう…♥149 |
| ヒント 76 | 満員電車を共有する「ご縁」…♥150 |
| ヒント 77 | 人間の可能性を信じよう…♥150 |

付録：すぐに使える笑顔系クエスチョン…♥152

あとがき…♥156

## プロローグ

# 笑顔のパワーは
# 誰でも引き出せる

## ヒント01 毎日を「笑顔」で生きていますか？

人は、どんなときに笑顔になるでしょうか。

あなたが「いい笑顔」をしているときのことを思い浮かべてみてください。楽しいとき、おもしろいとき、くつろいでいるとき、何かがうまくいったとき……。人は「幸福なとき」に笑顔になります。

でも、それだけではありません。たとえば「ありゃ、やっちゃった！ しょうがないなあ」と、自分のうっかりミスを笑うことがあります。それは「苦笑い」かもしれませんが、笑顔であることに変わりはありません。失敗したのにどうして笑顔になるのでしょう？

人は「幸福なとき」だけでなく、「幸福になりたいとき」にも笑顔になるのだ、と考えられます。「しあわせだから、笑顔になる」だけではなく、「笑顔になると、しあわせになる」——つまり、笑顔のパワーは「幸福を増やす」のです。

小さな幸福は、笑顔で味わうと大きくなる。一見不幸なことでも、笑顔をつくれば、一歩踏み出せる……。単純で、簡単で、それでいて効果絶大。笑顔は人間のもつ「最強の武器」かもしれません。

## ヒント02 子どもの「笑顔」は可能性を切り開く

笑顔になると、なぜしあわせな気分になるのでしょう？ それは、目の前にあることの中の「よい面」が見えやすくなるからです。

疲れているとき、苦労しているとき、逆境にあるとき、家族や友人に愚痴を言うことがあるでしょう。そんなとき相手が何かおもしろいことを言って、「アハハ」と笑ったら、スッキリしませんか？

それは、今まで「おもしろくもないこと」「悪いこと」としか見えていなかったものごとの、別の部分に光が当たったからです。笑顔がものごとのポジティブな面、「可能性」に光を当ててくれたの

だと言ってもよいでしょう。可能性とは、人がよりよく、その人らしく、その人の持ち味や能力を発揮できる力。今はまだ形になっていないけれど、笑顔によって必ず引き出せるパワーのことです。

　小さく、若く、ときには無力に見える子どもには、限りない「未来」があり、大きな「可能性」が秘められています。

　あなたのお子さんは、どんなときに笑顔を見せますか？

　友だちと遊んでいるとき？　大好物を前に「いただきまーす！」と言っているとき？　好きなサッカー選手の話を一生懸命語ろうとしているとき？　宿題が終わって「できた！」と言った瞬間？

　どれも取るに足らない一コマに見えるかもしれません。しかし、そのときの笑顔の一つひとつが、子どもの可能性、そして「夢」へとつながっています。子どもを笑顔にすることとは、子どもの可能性を押し広げ、夢へと近づけていくことなのです。

## 🌱 ヒント03 ありのままの自分を愛せるようになる

　笑顔は、「自己肯定感」も呼び起こします。

　自己肯定感とは、ありのままの自分を愛し、信じ、認める感情のこと。自分に自信がある状態と言い換えてもよいでしょう。

　自分の強みも弱みもきちんと認めたうえで、「私には大きな可能性がある」「私は充実した人生を送ることができる」と思える、「ありのままの自分で精一杯生きよう！」とまっすぐに思える。そんな自己肯定感があれば、ものごとを笑顔で迎えることができます。

　笑顔で迎えることができれば、ますます可能性が際立って見えてきます。可能性が際立って見えれば、夢をかなえることができます。ひとつ夢がかなったら、ますます笑顔になれるでしょう。

　笑顔は伝染していきます。ニコニコして話す人に対しては、ついニコニコしながら言葉を返したくなるもの。そこにもうひとり誰か

プロローグ♥笑顔のパワーは誰でも引き出せる　**11**

が加わったら、その人も笑顔になるでしょう。ひとりが笑顔になると、まわりの人も笑顔になる。それが笑顔の伝染力なのです。

## 🌱 ヒント 04 コーチングで笑顔を引き出す

どんな人の中にも、「笑顔のモト」がたくさんあります。あなたのお子さんも同じです。普通の顔をしていても、つまらなそうにしていても、子どもの内側には笑顔のモトがたくさん詰まっています。

そんな「隠れた笑顔のモト」を、外に引っ張り出してみませんか？あなたも子どもも、ニッコリしてみませんか？

そんなとき大いに役立つのが、この本でご紹介する「コーチング」の手法です。コーチングとは、相手の話に耳を傾け、さらに深く聴くために質問し、その言葉をきちんと受け止める、という方法によって、相手の内側に隠れた可能性を引き出す、というコミュニケーションのアプローチです。

今、海外や日本の企業では、コーチングが大いに活用されています。上司が部下を伸ばしたいとき、部下のよいところを見つけたいとき、やる気を出させたいときなどに、コーチングが行われています。これはもちろん「笑顔」にも応用できます。

隠れた笑顔を引き出すためのコーチング。笑顔を引き出して子どもの可能性を大きく広げるコーチング。必ずしも難しいテクニックは必要ありません。テクニックよりも大事なのは、子どもに対する「向き合い方」です。

それは、子どもを愛し、認め、声を聴き、信じるという姿勢です。

まずは、あなたが最高の笑顔になってみませんか？　そして、子どもの笑顔を引き出してみませんか？　これまでに気づかなかったしあわせ、楽しみ、可能性……。笑顔からはじまる「夢」の扉を、一緒にノックしてみましょう。

# 第1章 笑顔になるための4つのポイント

### ❶ 愛する
生まれてきてくれたわが子を、
「一人の人(いつく)」として慈しむ

### ❷ 認める
何を言い出しても、それは可能性の源

### ❸ 聴く
子どもの中の「宝物」を一緒に探そう

### ❹ 信じる
どんな子どもも、絶対に「大丈夫」

第1章♥笑顔になるための4つのポイント

# ①愛する

 生まれてきてくれたわが子を、
「一人の人」として慈しむ

### 🌱 ヒント05　愛の源泉は「絆」

　あなたは、自分の子どもを愛していますか？
　そう問いかけると、「もちろん！」と答えるお母さんがほとんどでしょう。
　しかし、ときには子どもにイライラしたり、憎らしく思ってしまったり、怒鳴りつけてしまったり、ということもあるかもしれませんね。
　自分の愛情を見失いそうなとき。愛するってなんだろう、と、わからなくなるとき……。そんなときは原点に立ち返ってみてください。つまり、あなたと子どもが「出会った」ときのことを思い出してみるのです。
　子どもが授かった、とわかったときの気持ち。出産の苦しみの中、「ただ無事に生まれてくれればそれでいい」と必死に願ったこと。生まれたばかりのわが子を、胸に抱いたときの幸福感……。そのとき、母親は「勉強のできる子になってほしい」などとは思わないものです。ただ、「生まれてきてくれてありがとう」と思ったことでしょう。
　人生には、たくさんの出会いがありますが、自分の子どもと出会えることほど、大きな喜びがあるでしょうか？　そのことを思うと、思わず感謝の気持ちがあふれてきて、笑顔になりますよね。この不

思議な「縁」こそ、切り離すことのできない「絆」であり、愛の源泉なのです。

## ヒント06 乳児期はひたすら、子どもとスキンシップを

子どもとあなたとの絆を、折りに触れて思い出す。それが笑顔の関係を築く最初の、もっとも大切なステップです。

笑顔の関係を築くのに遅すぎるということはありません。これまでさんざん、ガミガミ怒ってしまったとしても、いくらでもやり直しはきくものです。あなたの子どもがまだ赤ちゃんであれば、なお安心ですね。ただほほえみかけて、抱っこして、あなたの愛情をひたすら注ぎ込めばいいのです。

乳児期の子どもはまだ言葉を知りません。でも、愛情を受け取ることはできます。とにかくたくさんスキンシップをとることで、子どもは母親に無条件に愛されていることを感じ、安心感を覚えます。「生まれてきてくれてありがとう」という気持ちを込めて、たくさん子どもとスキンシップをとってください。笑顔で、赤ちゃんの顔をのぞき込んでください。

それは「笑顔の種まき」です。あなたの笑顔の一つひとつが、子どもの笑顔のモトとなっていくでしょう。

## ヒント07 子どもは所有物ではない

しかし、母親が子どもを深く愛するあまり、ときに、子どもを自分の「一部分」であるかのように誤解してしまうことがあります。たとえば、こんなことをしていませんか？

・自分が好きなものは子どもも好きに決まっている、と思い込んで押しつける。

・子ども自身の興味や嗜好にはふたをして、自分の価値観だけで
　すべてを選択する。

　母親がそうした態度をとると、子どもは、とにかく怒られないように、困らせないように、母親に「合わせる」ことを心がけるようになります。なぜなら、子どもは無条件にお母さんが大好きだからです。

　こんなとき、親と子の関係は、一見平和に見えるでしょう。「この子は私にそっくりね」などと、母親はのんきに喜ぶかもしれません。でもそれは、将来の苦労を全部子どもに負わせているだけ。子どもがその子らしく自分自身の人生を送るチャンスを、つぶしてしまっている可能性があります。

　もっと悪いパターンは、自分の理想通りにならない子どもを否定すること。自分の理想像と違う子どもを見ると腹が立つ。こんなはずじゃない、もっとできるはず、どうしてできないの、こんなの私の子じゃない！……そんなふうに思ってしまう状態です。

　これもまた、自分と子どもをきちんと区別できていない証拠。子どもの失敗を自分の恥であるかのように感じて、ヒステリックになってしまうのです。

## 🌱 ヒント08　自分を愛する、子どもも愛する

　長男が小〜中学生のころの私（小巻）は、まさに「鬼母」でした。
　成績が下がれば猛勉強を強制し、部活を休みたがったら「根性が足りない！」と叱り飛ばし、「全然ダメよ、そんなの！」などという言葉をしょっちゅう浴びせていました。
　当時、私は必死でした。誰も文句をつけられないような子育てをやりとげてやる！　と意気込んでいたのです。今思えば、それは子

どものためではなく、自分が「立派なお母さん」と言われたかった
だけ。私もまた、自分と子どもの区別がついていなかったのです。

　そんな私が変わったのは、コーチングの研修を受けたことがきっ
かけでした。

　研修の最初に、ひとつ質問をされました。

「あなたの人生で実現したいことはなんですか？」

　驚きました。母としてでもなくビジネスマンとしてでもなく、た
だ「私個人」のことを考えてもいいのだ、と。それは驚きであると
同時に、大きな喜びでした。そこで私は、自分が私という一人の人
間であるように、子どもは子どもという一人の人間であることに気
づいたのです。

　自分を大切に考えることができてはじめて、母親は子どもを愛す
ることができるのではないでしょうか。「○○ちゃんのお母さん」
ではなく「自分」として愛することができたら、子どもは所有物で
はない、と気づくこともできるのです。

　それ以来、私は子どもの声に耳を傾けるようになりました。頭ご
なしに否定せず、彼が何を考え、どう生きようとしているかを見よ
う、と思うようになったのです。

　こうして子どもと私の関係は大きく変わりました。それから、長
男、次男と一緒に、理想的──とは言わないまでも、おもしろおか
しく「笑顔の関係」をつくっています。

第1章♥笑顔になるための4つのポイント

## ❷認める

 何を言い出しても、
それは可能性の源

### ヒント09 子どもの言葉を否定しない

　子どもは、自分の思いをさまざまな方法で伝えてきます。ときには不可解で、バカげた話と思えることもたくさん言うものです。そんなとき、「何バカなこと言ってるの！」と頭から否定してはいませんか？

　それはとてももったいないことです。一見バカバカしく聞こえる言葉の中に、子どもの本心が隠れているからです。

　否定するのではなく、「それって、どういうこと？」と問いかけてみてください。それは、子どもがそう思っている、という事実を「認めた」ということです。

　「認める」とは、「何でもかんでも賛成して、同調する」ということではありません。今、子どもはこういう状態だ、という事実を否定せずに受け入れることです。

　「みとめる」とは、「見」＋「留める」とも解釈することができます。子どもを観察し、その内心をきちんと「見て」、心に「留める」、ということなのです。

### ヒント10 怒りの関わりから対話へ

　子どもをつい怒ってしまうあなたは、「認める」ことができなくて困っているのではないでしょうか。

この子をかわいいと思うからこそ、だから頑張ってほしい、立派な人になってほしい。でも親の思いとはウラハラに、子どもは好き勝手ばかりするもの。泣いたり、騒いだり、ミルクをひっくり返したり。そうなると頭にカーッと血が上って、「何やってんの‼」と怒鳴ってしまう……。

　そんな自分を、あなたは責めているかもしれません。「なんでも完璧にできる子どもなんていないのに……。心の狭い私って最低！」と。でも、そんな必要はありません。完璧な子どもがいないように、親もまた完璧ではないのですから。

　カッカして怒鳴ってしまう自分をも「認めて」あげることが大切。「私もまだまだだな、じゃ、これからどうする？」と考えましょう。

　「これからどうする？」と考えたとき、その答えはもう出ています。

　それは、子どもと「対話」すること。「やっちゃったね～。じゃ、これからどうしようか？」「どんなふうに思って、この壁に落書きしちゃったのかな？」「二人で一緒にお片づけしようか」。こうして、仲直りの共同作業をはじめるのです。

## 🌱 ヒント11 「認め合い」のルールをつくろう

　つい怒ってしまったときに大切なのは、そのあとの「フォロー」です。

　「怒って悪かったけど、あなたも悪いのよ。だって……」とくどくど説明するのはNG。怒鳴られたうえに、さらにお説教が続くのでは子どもはたまったものではありません。

　「ごめんね、私が悪かったわ、こんなお母さんを許して。許して」と、泣きながらヒステリックに謝るのも考えもの。この場合、母親は、怒った自分を「認めた」のではなく、「なかったことにしてほしい」と思っているだけ。これでは本当の仲直りにはなりません。

第1章♥笑顔になるための4つのポイント　　**19**

大切なのは、まず対話をすること。自分の気持ちを押しつけるのではなく、こんなときこそ子どもの本心を引き出すことにトライしてみましょう。

　なお、日ごろから「怒ってしまったとき対策」として、二人でルールを決めておくのもおすすめです。

- ・「ママも○○くんも、失敗はしてしまうものだよね」という共通認識を立てておく。
- ・怒ったりケンカをしたあと、「ここから何を学んだかを探そう」と決める。たとえば、「もうテレビはつけっぱなしにしないことにするよ」「ママもこれからは言い方に気をつけるね」など、互いの「学んだ点」を確認し合う。
- ・最後は笑って、気持ちよく会話を終わる。「ごめんね、大好き」を合言葉に。

　このルールには、「認める」のエッセンスがぎっしり詰まっています。子どもと一緒に、ぜひ実践してみてください。

### 🌱 ヒント12 よいニュースも悪いニュースも受け止める

　子どもがグッドニュースをもってきたら、うれしいですね。笑顔になるのも簡単です。でも世の中、それだけですむはずはありません。

　「お母さん、ポット割っちゃった～」

　「ママ、こないだの小テスト……（無言でそっと出す）」

　などという報告もたくさん降ってくるもの。そのときは、「隠さないでキチンと言えて、偉かったね」と認めてあげましょう。

　「いったい何やってるの！」「なんでこうなの？」と怒っても、子

どもをさらにションボリさせるだけ。悪いニュースのときこそ、最後は笑顔で終わるコミュニケーションをとりたいものです。

「ママ、怪我しちゃった～」

という種類の「悪い知らせ」もあります。ならば、「泣かなくて偉かったね」「痛かったね、よく頑張った」と共感してあげましょう。

ここでもうひとつ、おすすめのルールがあります。悪いニュースを聞いたら、「よかったね」と返すのです。ルールというより、一種のゲームですね。

**「怪我した？　よかったね、骨は折れなかったんだね」**

**「忘れ物をした？　よかったね、今日は天気がいいから散歩ついでに取っておいで」**

などなど。「よかったね」のあとが続かないときも、それはそれで楽しいものです。

「先生に怒られた？　それはよかった、えーとえーと……」

言葉がすぐ出てこないで、困りながら笑う。子どももプッと噴き出す。これでもう、「笑顔のコミュニケーション」はでき上がっているのです。

第1章♥笑顔になるための4つのポイント

# ❸聴く

 子どもの中の「宝物」を
一緒に探そう

### 🌱 ヒント13 子どもの語る突拍子もない「夢」

　愛する、認める、信じる、そして「聴く」。次に説明する「信じる」とあわせて、これら4つは、互いにつながっています。子どもの言葉に耳を傾けることも、愛し、認め、信じることを前提として成り立ちます。

　子どもは、いつもまともで常識的な「夢」を語るとは限りません。しばしば、突拍子もないことを言い出すものです。そんなときこそ「聴く姿勢」が大切です。

　私（小巻）の長男が高校生のころ、「海賊になる」という夢をもっていると話してくれたことがあります。

　16歳にもなって、将来の夢が「海賊」……？　少し前の私ならば、「何バカなこと言ってるの！」と言ったところですが、その言葉をぐっと飲み込んで「どうしてそう思うの？」と訊いてみました。すると、「かっこいいから」とこれまたシンプルな答え。そこでさらに「へえ、海賊ってどんなことする人？」と、どんどん訊き続けていったところ、どうやら彼は、大事な人を守りたい、と思っていたようなのです。

　家族や友人を守れる男になりたい。あからさまな正義の味方ではなく、一見悪者だと思われているけれど、じつは仲間思いの強い男になりたい。それが彼の理想像だったのです。

22

「海賊になりたい」と言ったとき、「バカじゃないの？」と返していたら、知ることはなかった息子の真意。じっくり聴くことで、わが子の真の思いを知ることができたことは、今でも、私にとっては宝物のような体験です。

## 🌱 ヒント14 子どもの夢に「よい」「悪い」はない

もうひとつ、ある子どもが語った「とんでもない夢」をご紹介しましょう。

それは、「毒を発明してイヤなやつを殺す」という内容でした。

思わず、「そんなこと考えちゃダメ！」と怒りたくなりますね。でも、そこをあえて「聴く」ことが大切です。「そんなことできるかなあ？」「どんな色の毒？」「どんなやつをやっつけるの？」と、一緒に楽しみながら耳を傾けるのです。

その言葉の奥には、さまざまな思いがあることでしょう。個々の表現にとらわれるのではなく、子どもの心の奥にある思いに好奇心を向けてみてください。彼なりの正義感で、悪をやっつけたいのかもしれない。あるいは誰かにいじめられていて、SOSサインを出しているのかもしれない。この子の思いは、何なのだろう……？と、考えつつ耳を傾けるのは、「あなたを見ているよ」というメッセージを送ることでもあります。

そうしたメッセージがきちんと届けば、その子どもは、いざ実行するかどうか、というときに正しい選択をすることができます。それをすべきか否か、を判断する知恵が人間には備わっているもの。そして、「僕は一人じゃない」という気持ちがあれば、知恵はきちんと機能するもの。心の叫びに光を当ててあげるのが、お母さんの「聴く姿勢」と「笑顔」。その環境の中にいれば、子どもは決して人を殺したりはしないでしょう。

第1章♥笑顔になるための4つのポイント　23

実際、「毒」について語った子の思いは、義憤ともいうべきものでした。言葉を聞いて短絡的に否定するのではなく、心を「聴いて」受け止める姿勢が大切ですね。

## 🌱 ヒント15 「好き」と「すてき！」が夢につながる

　「聴く」とは、隠れた可能性を引き出すこと。そして可能性が引き出された先にあるのは、夢の実現です。

　では、子どもはどんなときに、可能性のサインを見せてくれるのでしょうか。

　もうおわかりですね。そう、笑顔になっているときです。笑顔は、子どもが「好きなもの」「興味のあるもの」のことを考えている証拠です。

　子どもは、自分が大好きになれるものを、常に探しています。見つけたら夢中になって追いかけます。その対象はひとつとは限りません。さまざまなものを次々に追い、ときに「ブーム」が来ては去る、ということも多いでしょう。しかし、興味津々となったときの興奮や、時間を忘れて没頭した経験、というものは着実に積まれていきます。それは子どもが「自分は何をしたいのか」「どうなりたいのか」というビジョン、つまり「夢」をもつようになるための、かけがえのないプロセスです。

　聴くことは、そんな子どもへの何よりの応援です。「どういうところが好きなの？」「どんなことするの？」と関心をもって問いかけ、耳を傾けることが、笑顔と夢のサイクルを回す力となるのです。

第1章♥笑顔になるための4つのポイント

# ❹ 信じる

どんな子どもも、
絶対に「大丈夫」

### 🌱 ヒント16 失敗はない、学びだけがある

「自分の子どもを信じる」とは、どういうことでしょうか。

「この子は絶対に偉くなる」「きっとキャプテンになれる」「あの女の子は絶対○○くんよりうちの子のほうを好きになってくれる」……などと盲信・過信することでしょうか。

そうではありません。「どうなったとしても、この子は大丈夫」と信じることです。偉くなってもならなくても、異性にモテてもモテなくても、失敗しても、挫折しても、そこから何かを学ぶ力がきっとある、と信じることです。

さらに言うと、じつは人生には「失敗」など存在しないのではないでしょうか。何を失敗ととるか、成功ととるか、幸福ととるかは見方によって変わります。失敗のあと、多くのことを学べるなら、それはもう失敗とはいえません。むしろ「未成功」と呼ぶべきでしょう。つまり、人生には失敗はなく、「学び」があるのだ、といえるのではないでしょうか。

コーチングの根底には、「人間は、皆、大丈夫」という考え方があります。どんな人の中にも無限の可能性と生きる力がある、ということです。それを信じることで、子どもとの接し方は大きく変わってきます。

## ヒント 17　子どもには自分で学ぶ力がある

　子どもへの信頼が足りない母親の陥りがちな、2つのパターンがあります。ひとつは「あんたになんか、無理無理！」と子どもをバカにする「否定系」。もうひとつは「このコは私がいないとダメなのよ〜」と過保護になる「溺愛系」です。

　もしこうしたパターンに陥っているなら、「子どもは、自分で学ぶ力を生まれながらに備えている」ということを思い出してみましょう。そして、「子どもが学ぶ力」を引き出すのが母親の役割である、ということを再確認してください。

　「親はなくても子は育つ」という諺がありますが、子育ての基本とは、「子どもが、自分がいなくなっても生きていけるように育てることである」ということもできます。

　子どもの可能性を信じ、いずれは自立できるように、自分で考えさせ、行動させる。すると子どもは、こちらがあれこれ先回りしなくても、自分のやりたいこと、好きなこと、笑顔になれることを自分で見つけ出してくるものです。

## ヒント 18　キーワードは「待つ」

　私（小巻）は以前、長男に「理想のお母さんってどんなお母さんだと思う？」と問いかけたことがあります。そのとき長男は、じっくり考えたあとにこう答えました。

　「ある程度やりたいようにやらせてくれて、最終的に命の危険があるかもしれない、ってところで手をさしのべる。それまで『待てる』ってことじゃないかな」

　「待つ」というのはとても大きなことです。信じていないと、待つことはできません。

日常のさまざまな場面で、母親はしょっちゅう「待てるかどうか」を問われています。靴の紐を結べず、玄関でグズグズする子ども。つたない箸づかいで、ご飯をゆっくり食べる子ども。5分待てるか、10分待てるか。いつかきっとできる、と信じられるか……。

　「早くしなさい！」「もういいわ、ママがやる！」としょっちゅう言っているお母さん。少しずつ、「待つトレーニング」に挑戦してみてはいかがでしょうか。

# 笑顔のための
# ウォーミングアップ

① すばらしい自分に気づく

② 見方・行動を変えてみる

第2章 ♥ 笑顔のためのウォーミングアップ

# ①すばらしい自分に気づく

## ヒント19 笑顔の合言葉は、「まず自分から」

　前章では、子どもの笑顔の大切さと、笑顔を育てるための基本姿勢をご紹介しました。これまでもたびたび指摘しましたが、ここでもう一度確認しておきましょう。

**子どもを笑顔にしたいなら、まず自分が笑顔になりましょう。**
**子どもを愛したいなら、まず自分を愛しましょう。**
**子どもを認めたいなら、まず自分を認めましょう。**

　この章では、子どもの笑顔を引き出す「コーチ」である「あなた自身」が、笑顔になるためのコツをお教えします。いわば、笑顔のコーチングに向けたウォーミングアップですね。

　あなたが今、もし笑顔になれないとしたら、まず自分をいたわり、許すことからはじめてください。子どもが可能性に満ちた存在であるように、あなたもまた、幸福な笑顔で生きることのできる、大きな可能性に満ちた人間なのですから……。

## ヒント20 子どもを産み、育てていることはすばらしいこと

　子どもを愛するためには、はじめてわが子を抱いた喜びを思い出すのが一番、と前章で述べました。では、自分を愛するためにはどうすればよいでしょうか？

30

その場合も同じです。子どもを授かったころのことを思い出すのです。

妊娠から出産までの10か月を乗り越える、これはすごいことではないでしょうか。そして大変な出産を超えて産んだ小さな子どもを育て上げていることも、とても大きな仕事ではないでしょうか。

そんなの、当たり前——と、つい自分でも思ってしまいがちですが、そんなことはありません。

子育てはもちろん、大きな喜びをもたらしてくれます。その一方、肉体的にも重労働、トラブルや心配ごとや悩みもつきない……と、大きな負担をもたらすこともあります。そう考えると、自分がどんなに「母親業」を頑張っているかがわかるでしょう。

また、一人の女性としての人生を振り返っても、親になってからの数年間は激動だったはずです。一人の「娘」が「女」になり、「妻」となり、「母」となる。短い間に、役割も環境も激しく変わっている。そんな中、気づかぬうちにたまるストレスや、変わっていく体に戸惑いながら生きてきた自分。そんな自分をほめ、自分を肯定してください。

「私ってすごいなあ」。そう言って、ほほえんでみてください。

## 🌱 ヒント21 しあわせを感じたときはいつ？

自分が笑顔になるための確実な方法は、自分がいつ笑顔になるかを知ることです。

何が好きか、何に興味があるか、何をしたいと考えるか、どんなときに自分を認められるか、などをつかむことです。

子育て中のお母さんは多忙ですから、短い時間でできる簡単な方法をお教えしましょう。

第2章 ♥笑顔のためのウォーミングアップ　31

## ♥今日よかったことを３つ書く

玄関の掃除ができた、隣の家の花がきれいに咲いていた、パンを買ったときの店員さんの笑顔がすてきだった……など、簡単なことでかまいません。毎日、お気に入りのノートに、シンプルに３つ、書き出す習慣をつけましょう。

## ♥子どものころ、好きだったことを書く

この習慣は毎日でなくてもかまいません。ひとつ思い出すたびに、追加で少しずつノートに書き加えてください。あなたは、どんなことが好きな子どもでしたか？　カード集め？　リリアン？　ソフトボール？　偉人伝シリーズを読みふけること？……

今でも続いているような趣味でも、ちょっとしたブームで終わったことでもかまいません。あなたが「好き」と思えた経験のすべてを、少しずつ思い出してください。

## ♥しあわせを感じた経験を書く

少し時間ができたら、こんな方法もおすすめ。今までの人生で、自分が心の底から笑顔になれた経験をできるだけ詳しく書くのです。部活で試合に勝ったこと。大好きなミュージシャンのコンサートに行った夜。苦手だった友だちを好きになれた瞬間……。人それぞれ、さまざまな経験があるでしょう。いつ、どこで、誰と（あるいは一人で）、どんなふうに、何をしたのか。そのときどう感じたのか。なぜ幸福を感じたのか。日記形式でも小説形式でもマンガでもかまいません。

その笑顔の経験はあなたの宝物です。思い出すたび、今のあなたを笑顔にすることもできる、大きなパワーの源です。

## ヒント 22　自分の笑顔を知る「笑顔っこ」

　皆さんおなじみのお遊び「にらめっこ」。この笑顔バージョン「笑顔っこ」を子どもと一緒に楽しんでみてはいかがでしょう？

　「ただ笑った顔を向け合うだけ？」と思われるかもしれませんが、そうではありません。笑顔とひとことでいっても、じつはいろいろな種類があります。「普通の笑顔」「すてきな笑顔」「困り笑顔」「怒り笑顔」「泣き笑顔」「複雑な笑顔」……。

　ほかにもありそうですが、まずはこの６つにトライ。子どもと向き合って、このうちのどれかひとつをやってみるのです。

　「じゃ僕からね。この顔は？」「困り笑顔？」「当たり！」「じゃ今度はママね。これは？」「普通の笑顔」「違うよ、すてきな笑顔だよ」「え、別にすてきじゃないし」「なに〜〜」

　など、おもしろおかしく当て合いっこをしてください。子どものいろいろな笑顔が見られるでしょう。

　自分がどんな笑顔を見せているのかな、と気になるときは、鏡に向かってこの６種類の顔をつくってみましょう。眉の動きや口角の上がり下がりなど、思わぬ自分の表情のクセに気づいたり、隠れた魅力（！）を発見したりすることもできそうです。

　この「笑顔っこ」は、ハロードリーム実行委員会が全国各地で開催している「笑顔のコーチング講座」の定番メニューです。一瞬にして、緊張がほぐれ、雰囲気があたたかくなること、実証済みです。ぜひ、お試しください。

第 2 章♥笑顔のためのウォーミングアップ　　33

第2章♥笑顔のためのウォーミングアップ

# ❷見方・行動を変えてみる

### 🌱 ヒント 23 顔と言葉に「笑顔の回路」をつなごう

　これまでにご紹介したエクササイズを実際に行ってみて、どう感じましたか？ 「笑うって、けっこう顔の筋肉を使うものなんだ」と思いましたか？　もしそうだとしたら、あなたの顔には「真顔」のクセがついてしまっているかもしれません。顔の筋肉を笑顔状態にするために、多くのエネルギーが必要になっているのです。

　顔や体には、その人の「クセ」がつくもの。いつも笑顔なら笑顔になりやすいように、いつも真顔なら真顔のままでいやすいように、脳や筋肉がそれを記憶してしまうのです。

　せっかくですから、笑顔のクセを体に覚えさせてみませんか？ 真顔は、本人が思うよりも怖い印象を与えがち。ましてや、ブスッとした顔がクセになっていたとしたら、あなたはかなりお近づきになりたくない印象の人になっている恐れありです。

　でも笑顔のエクササイズを続けると、最初は慣れなくても、次第に笑顔のクセがついてきます。すると、さまざまな変化が起こってくるはず。体と心は、つながっています。笑顔が簡単に出るようになると心も笑顔に……つまり、心が幸福を感じやすくなるのです。すぐ幸福になれるクセがつくなんて、願ってもないことですね。

　同時に、「口グセ」にも改革を加えるとなお効果的です。

　「今日も疲れたわあ」「私、ダメだなあ」「どうせ私は……」などが口グセになっていたら要注意。その口癖をポジティブなものに変

34

えるようトライすることをおすすめします。たとえば、「今日も頑張ったわ！」「私、すごいわ〜」「絶対大丈夫！」などです。

「だって実際に憂鬱なのに、ウソはつけないわ」と思っているなら、それは誤解です。「憂鬱だからネガティブな口グセがつく」のも確かですが、「ネガティブな口グセによってますます憂鬱になる」こともまた事実です。口グセをポジティブなものに変えたら、考え方にもポジティブな影響が出てきます。体と心がつながっているように、笑顔が心をほほえませるように、ポジティブな言葉もまた、心を笑顔にすることができるのです。

## 🌱 ヒント24 モニター室から自分を見よう

次に、日常生活の中で笑顔がなくなってしまいそうになったらどうするか、を考えましょう。

その答えをひとことでいうと、「イヤなことも楽しんでしまう」ことです。

「そんなこと、無理」と決めつけるのはまだ早い。じつは簡単な方法があります。それは、イヤな気分になっている自分を「心のTVカメラで写してみる」ことです。

自分の外に、もうひとつTVカメラがある、と想像してください。そのカメラが写した「イヤな気分の自分」を、心のモニター室で鑑賞するのです。すると、さんざんな気分のはずなのに、なぜか笑いがこみ上げてくるから不思議です。

イヤなことばかり起こる日に、ぜひ試してください。たとえばこんな朝……。

**朝、どうも髪型が決まらない。でも子どもが幼稚園のバスに乗り遅れたから、大急ぎで送らなきゃ。幼稚園で子どもを先生に預けて**

第2章 ♥ 笑顔のためのウォーミングアップ　　35

いる間、門のそばに止めていた自転車が風でひっくり返った。起こしたら、ジーンズにベッタリ泥がついた。そんなときに限って、きれいにメイクした近所の奥さんと出会ってしまった。リビングに入り、むくれ顔でテレビをつけたら、大ファンの俳優の熱愛発覚報道をやっていた。

そんな自分のVTRをモニター室で見てみましょう。その姿は、まるでマンガかコメディ映画。「どれだけツイてないんだ！」と、自分のアンラッキーぶりを笑い飛ばせるはず。こうなると、午後はどうなる？　というのが気になるところ。ここまでツイていないのなら、次は何がくるのか、期待（？）も高まろうというものです。

今度はVTRでなく、生放送でやってみましょう。行動しながら、同時にモニターで自分を見るのです。

洗濯物がベランダの床に落ちた。拾おうとしたら棹（さお）が落ち、けたたましい音をたてた。洗濯が終わって、ヨレヨレのTシャツとジャージに着替えたとたん、宅配便が来た。恥を忍んで玄関に出て、サインする。配達された箱の中身は、あまりありがたくない品物だった……。

ここまでくると、モニター室では限りなく楽しめることでしょう。イヤな経験は、笑いの材料にピッタリなのです。

### 🌱 ヒント 25　その日のキャッチフレーズを決めよう

「モニター室」と合わせると効果的な方法が、「キャッチフレーズづくり」。いわば、モニター室の映像に簡単なタイトルをつけるのです。今の宅配便の例にあてはめると、「哀しみのうなぎババロア」といったところでしょうか。

この調子で、好調な日、不調な日を問わず、毎日の自分にキャッチフレーズをつけてみてはいかがでしょうか。

一人で何人分もの仕事を片づけた日には「驚異！動く千手観音」。子どもの怪獣ごっこに付き合って筋肉痛になった日は「怪獣使いと少年のエレジー」。雨の夜にパスタをゆでながら「雨だれのペペロンチーノ」……と、なんでもかまいません。

一見ふざけているようですが——実際、ふざけているのですが——これらは、「自分自身を俯瞰で見る」のにとても効果的な方法なのです。

イヤなことでもあえて笑ってみると、不思議なほど気持ちが楽になるものです。

## 🌱 ヒント 26 　笑いは視点を広げる効果がある

他人を批判する言葉に、しばしば「あの人ったら、すっかり悲劇のヒロインぶっちゃって」という表現が登場します。

言われた本人にしてみれば、「こんなにツラいのに、他人事だと思って！」とますます腹が立つでしょう。しかしこの批判、あながち間違いでもないのです。

「悲劇」は人を自分の殻に閉じ込め、孤独にします。だから相手の言葉が耳に届きにくくなり、相手を受け付けなくなるのです。「悲劇のヒロインぶっちゃって」という言葉は、そんなふうに閉じこもっていることに対する非難ともいえるでしょう。

ところで、「悲劇のヒロイン」という言葉はあっても、「喜劇のヒロイン」とは、まず言わないですね。

喜劇、コメディというものは、バカバカしいこと、情けないこと、格好悪いことなど、一見ネガティブなものを客観的に見て笑い飛ばそうとする試みです。

悲劇の視点ではなく、喜劇の視点に立つと、人は「ヒロイン」ではなく「演出家」や「脚本家」や「カメラマン」の立場になること

第2章 ❤ 笑顔のためのウォーミングアップ　　**37**

ができます。苦しいことでも笑いながら見ると、客観的になれる。客観的に見ると、ますます笑える要素が見えてくる。ここにも小さな「笑顔サイクル」がはたらいていますね。

　自分の人生を、「演出家」の立場で見てみませんか？　人生に起こる出来事はコントロールできなくても、どんな態度、どんな表情、どんな気持ちで過ごすかは、自分で選ぶことができます。自分の人生は自分で選択することができるんだ！　ということが、きっと実感できるはずです。

### 🌱 ヒント27　笑っているお母さんが、子どもを笑顔にする

　「自分を笑顔にする」ためのヒントを通して、笑顔のお母さんに変身できたら……。

　次は、実際に「笑顔のコーチング」をスタートしましょう。

　質問をし、耳を傾け、子どもの言葉をきちんと認める、というコーチングの原則は前章でご紹介したとおりです。では、具体的にどんな質問を投げかければよいでしょうか。

　どんなタイミングで、どんな受け答えをすれば笑顔が生まれるしょうか。次の章では、そのヒントをご紹介します。

　子どもの中に隠された、まだ外に出てきていない「笑顔のモト」。それは海の中の宝物のようなもの。あちこちに散らばった宝石の存在に、お母さんはもちろん、子ども自身も気づいていないかもしれません。

　それなら、今日からそれを探してみましょう。毎日のちょっとしたやりとりや会話を、「宝探し」に変えてみましょう。

　たわいもない日常が少し楽しくなる、ドキドキできる。小さな宝物を掘り出すたびに、またニッコリ笑える……。そんな冒険の旅を、大いに楽しんでください。

# 第3章 「笑顔系クエスチョン」の実践エクササイズ

❶ 笑顔系クエスチョンの第一歩を踏み出そう

❷ さまざまな笑顔系クエスチョン
その1「宝探し系クエスチョン」

❸ さまざまな笑顔系クエスチョン
その2「たとえ系クエスチョン」

❹ さまざまな笑顔系クエスチョン
その3「ヒーローインタビュー」

第3章♥「笑顔系クエスチョン」の実践エクササイズ

# ①笑顔系クエスチョンの第一歩を踏み出そう

## ヒント28 笑顔を引き出すカギは、笑顔系クエスチョン

　子どもを笑顔にするために、親からできることはなんでしょうか。

　おもしろい話を聞かせること？　楽しいテレビ番組を一緒に見ること？　一緒に遊ぶこと？

　たしかに、それらは親子の絆を深めるすばらしい方法です。すでに、日頃から実行されているお母さんも多いでしょう。

　では、これらの方法に、さらにもうひとつ付け加えてみましょう。

　「子ども自身の心の声を引き出すこと」

　どんなときに笑顔になるのか、何を楽しいと思うのか、どんなことに憧れるのか、どんな夢をもっているのか、を探ってみるのです。今は漠然としかわからないこれらの疑問が、質問をすることによって自然と湧いてきます。それが笑顔のコーチングです。

　笑顔のコーチングは、「子ども自身に」「自分の言葉で」語らせることによって、子どものより深い部分にある笑顔を引き出す作業です。そのためにもたくさん質問をし、質問上手なお母さんになってみましょう。

　子どもが思わず笑顔で答えてしまう質問、名づけて「笑顔系クエスチョン」。

　まずは何から、問いかけましょうか？　「笑顔探し」のはじまりです。

## ヒント 29 「好き！」は笑顔の基本

　好きなもののことを考えて、しかめっ面になる人はまずいません。まして子どもは、大人よりもはるかに素直に、まっすぐな笑顔で好きなものについて語るものです。

　子どもの好きなもの、愛着をもっていることを、どれだけ知っていますか？

　「じつは、よくわかってないかも……」

　と自信をなくしたあなたは、今こそチャンスです。身近なものをテーマに質問を投げかけてみましょう。

　身近、といえば「食べ物」。食事はお母さんと子どもが共有するものですから、気持ちがリアルに伝わりやすいですね。

　「イチゴとバナナ、どっちが好き？」

　「アイスとチョコ、どっちが好き？」

　「ハンバーグとエビフライ、どっちが好き？」

　なんて、こちらまでうれしくなってくるような楽しい質問です。

　「イチゴ、好き？」と尋ねるのもよいのですが、そうすると「うん」か「ううん」でしか答えられないのが少し残念。「YES・NO」で答えられる質問よりも、子ども自身の言葉を聴ける「二択」を入り口にするとスムーズです。

　慣れてきたら、「二択」のほかに「自由回答」も混ぜてみましょう。

　「お菓子だったら何が好き？」

　「カレーの中に、何が入ってたらうれしい？」というふうに。

　「えーと……わかんない」と、すぐに答えられないときは助け舟を。ここでなら、「YES・NO」で答えられる質問が効果的です。少しゲーム感覚でやりとりするとおもしろいですね。好きなカレーの具を聞き出す場合なら、こんな調子で。

第3章 「笑顔系クエスチョン」の実践エクササイズ　　41

母「じゃ、ママが当てるね。えーと、ブロッコリー！」

子「ブー」

母「じゃあ…ニンジン！」（※このあたりは、わざと大きくはずすのがコツ）

子「ブー、ブー！」

母「えーとえーと……ジャガイモだ！」

子「ピンポーン！　ジャガイモ大好き！」

母「そっかー！　じゃ、今日のカレーはおいしいジャガイモいっぱい入れるね！」


　食べ物以外のテーマもたくさん試しましょう。好きな本やマンガ、好きな戦隊ヒーロー、好きな色……。中でも「好きな子のタイプ」はおすすめ。小さい子でも、異性の話は笑顔効果絶大です。たとえ照れて答えなくても、心の中で好きな子のことを考えて思わず笑顔がこぼれ出るはず。ぜひ試してみてください。

## 🌱 ヒント30 「楽しい」「うれしい」を探そう

　「好きなこと」と同じくらい、笑顔を引き出せるのは「楽しいこと」「うれしいこと」。

　でも、「どんなことを楽しく感じるの？」とストレートに問いかけても、子どもはすぐには答えられませんね。

　答えやすくするには、「経験について質問すること」。


「今日、どんなことあった？　楽しいことあった？」

「今日の給食、デザートなんだった？　おいしかった？」

「○○ちゃんと遊んできたの？　何して遊んだ？」

こう問いかけられたとき、子どもの心の中には、今日のうれしい出来事やおいしかったデザート、友だちと乗ったブランコの楽しさなどがイメージとしてよみがえっています。

子どもの記憶の中の「楽しいうれしいVTR」を再生させる。それが、このクエスチョンの効用です。

またお母さんの側も、子どもが外にいる間のイメージを描いておきましょう。その間の子どもの行動を考えて、笑顔系クエスチョンのできそうな要素を探しておくのです。

**「今日の3時間目は体育ね。あの子は体育が好きだから、何をやったか聞いてみよう」**

ほかにも給食のメニュー、一緒に帰ってくる仲よしの友だちなど、子どもが愛着をもっていることを活用すると、具体的でよい質問が出せるはずです。

## ヒント31 あいづち・うなずき・繰り返し —— 「コーチングの3点セット」

さて、コーチングの鉄則のひとつに「ひとつ質問して、ひとつ答えが返ってきたらそれで終わり、にならないようにする」ということがあります。

答えが返ってきたら次の質問、その答えにさらに次の質問……と連鎖的に話を広げ、深めていくのがコーチングの手法です。

母「どう？ プール楽しかった？」
子「うん、楽しかった！ いっぱい泳いだよ」
母「いっぱい泳いだんだ。何往復くらいしたの？」

第3章 ♥「笑顔系クエスチョン」の実践エクササイズ　43

子「もう、覚えてないくらいたくさん」

母「へえ！　10往復？　20往復？　……100往復？」

子「そんなにはやってないよ〜（笑）」

母「あはは、そうか。みんな頑張って泳いでた？　途中で立っちゃう子もいた？」

子「女子とか、けっこう大変そうだった。僕は25メートルちゃんと行けたよ」

母「行けたんだ、すごいね！　クロールで泳いだの？」

子「ううん、平泳ぎ」

母「ほお〜、難しいことやってるね！　平泳ぎって動きが難しくない？」

子「え〜どこが？　簡単だよ」

母「ほんと？　お母さん苦手だったな。どうやってやるんだっけ。手をこう…」

子「違う違う。手はこうやって…」

母「うんうん、こうか。じゃ、足は？」

　このように、いろいろな角度からたくさん質問を投げかけるのがポイントです。

　さらに、この会話例の中の「コーチングのコツ」をピックアップしてみましょう。ひとつ目は「あいづち」。お母さんは「へえ！」「ほお〜」「ほんと？」と、頻繁にあいづちを打っています。これは「相手の話に興味津々」というこちらの気持ちをあらわすもの。「もっと聴きたい」という気持ちを伝えるためにも、意識してたくさん入れたいものです。

　ふたつ目は「うなずき」。「うんうん」「そうか」といったあいづちのときに、きちんとうなずく。これも「きちんと聴いているよ」

というメッセージです。

３つ目は「繰り返し」。「いっぱい泳いだんだ」「行けたんだ」というふうに、子どもの言葉をそのまま繰り返すのです。そうすると、二人の間で「イメージの共有」が起こります。しっかりと伝わっている、という安心感が生まれるでしょう。

「あいづち・うなずき・繰り返し」はコーチングに必須の「３点セット」。効果的に使うことで会話はグーンと活性化します。

## ヒント32 「尋問・詰問モード」に要注意

どんどん質問を重ねていくのがコーチングでは大切だということを述べましたが、ここでよくある間違いが、「尋問」「詰問」モードになってしまうことです。

「今日は国語、何やったの？ 『なんだっけ』って、覚えてないの!? ちょっと見せなさい」

「体育、何やったの？ 跳び箱？ ちゃんとできたの？」

「○○ちゃんと遊んだんでしょ。何して遊んだの？ 危ないことしなかったでしょうね」

これではまるで、警察で尋問されている犯人です。楽しい話どころではありません。子どもを笑顔にする、という笑顔系クエスチョンの目的が崩れてしまいます。

さらに悪いのは、子どもがスラスラ答えてくれないとき、こんなふうに言ってしまうことです。

「今日は何が楽しかった？……別にって、なんかあるでしょ？ ほら、いい天気だとか、きれいなお花が咲いてたとか……え、別にそんなの楽しくない？ 何言ってるの！ いいお天気ならうれしいでしょ!? もう、この子ったら情緒がないんだから」

このお母さん、子どものノリの悪さにイライラしているようです

第３章♥「笑顔系クエスチョン」の実践エクササイズ　　45

が、それは問いかけ方に問題があるからです。「何かあるでしょ」「何言ってるの」などと詰問されたら、出てくる言葉も出てきません。しかも「楽しいでしょ!?」「うれしいでしょ!?」と母親の価値観をむりやり押しつけられていたら、むしろかなり憂鬱になります。挙げ句の果てに「情緒がないんだから」などと言われては、笑顔どころか、泣きっ面・膨れっ面になってしまいます。

　「うれしい話」が出てこないことにいらだつ前に、子どもが「好き」「楽しい」「おもしろい」と言いそうなことに、「ヤマを張る」ことが重要です。この子がもし裏山探検やターザンごっこが好きなら、たしかに「いい天気」「お花がキレイ」などという話は「ぬるすぎる」に違いありません。

　子どもの視点を想像しながら、問い詰めずに聴く。笑顔を出すという目的を忘れずに、楽しみながら質問する。これが笑顔系クエスチョンには不可欠なのです。

## 🌱 ヒント33　あいづちのバリエーションを増やしておこう

　先ほど述べたとおり、コーチングでは「あいづち」がとても大切です。この使い方が上手になればなるほど、「聴き上手」に近づくことができます。

　よくないあいづちの打ち方をひとつご紹介しましょう。「同じ種類を繰り返すだけ」というパターンです。

子「ママ、今日ね、先生にほめられた！」
母「そう。何したの？」
子「お掃除きちんとできたね、って」
母「そう。どこのお掃除？」
子「廊下」

母「そう」
子「うん……」

　「そう」ばかりでは会話が盛り上がらないですね。

　「ほんと？」「へえ！」「すごいね！」とさまざまな言葉で、緩急（かんきゅう）をつけて対応してこそ子どもも乗ってくるというものです。

　そのためにも、あいづち言葉のバリエーションを日頃から用意しておきましょう。一番簡単でわかりやすいのは、「ほお～」「まあ！」「へえ！」といった間投詞、いわば掛け声のようなあいづちです。「あらら」「おおっ」「きゃー」なども、驚きをあらわすときに便利で、こちらの感動がダイレクトに伝わります。

　喜びや感心を伝えるなら、「すごいね！」「最高！」「すばらしい！」「やったね！」「おもしろい！」「よかったじゃない！」など。共感を伝えるなら「ホントそうだね！」「わかるわあ！」「そのとおり！」「なるほど！」などがおすすめです。

　また、「もっと話の続きを聞かせて」と促すためのあいづちもあります。「へえ、それでそれで？」「うんうん、それから？」「まあ、それでどうしたの？」「うわあ、そこからどうなったの？」などです。

　これらが「へえ」「まあ」などの「掛け声あいづち」とセットで使われていることに注目してください。もしセットではなく単独で「それで？」と言うと、そっけなく聞こえますね。とくに、低く暗い声で「それで？」などと言われると、まるで「それがどうした」と言っているかのよう。そうならないように気をつけて、明るい掛け声で盛り上げながら楽しげに言うのがポイントです。

　ほかにもまだまだ、たくさんのあいづちがあります。あなたならではのあいづち言葉を、ひとつでも多くつくって、会話に役立ててください。

第3章●「笑顔系クエスチョン」の実践エクササイズ　47

## ヒント 34　大げさに盛り上げてみよう

　ここで挙げたようなあいづちは、いわば応援団の鳴り物のようなもの。派手に盛り上げれば盛り上げるほど、子どもも楽しく話すことができます。

　思えば、英語圏の人々はたくさんの「プラスのあいづち」をもっています。同じ「すごいね」をあらわす言葉でも、「Good！」「Great！」「Excellent！」「Splendid！」などさまざまなボキャブラリーがあります。こんなあいづちを打っているときの彼らの身振り手振りも、日本人より大きいですね。

　笑顔系クエスチョンを発しているときには、アメリカ人になったつもりで、「あいづち多め、アクション大きめ」にするのがコツです。「わあ！」「へえ〜！」「おお！」などの「掛け声系」はとくに、大きめの身振り手振りをつけると効果倍増。「そんなの、恥ずかしい」という人は、「大きく」のかわりに、「長く」することを意識してみてください。

　先ほどの「そう」のように、短く切れてしまうあいづちは、英語で「ワン・シラブル・アンサー（一音節の答え）」と呼ばれ、コミュニケーションが展開しにくい対応として嫌われます。

　ちなみに「へえ」「ふーん」なども、短く小さい声で言うとワン・シラブル・アンサー特有のそっけなさが出てしまうので、気をつけたいところです。「そう」「へえ」「ふーん」だけでなく、必ず何かひとこと添えるとよいでしょう。「そう、やったね！」「へえ、おもしろいね！」「ふーん、そりゃすごいな〜」というような感じです。そうすると、「君の話をじっくり聴いているよ」という、こちらの姿勢が伝わります。

## ヒント 35 「モノ」を介した笑顔系クエスチョン

　子どもの「話」だけでなく、子どもの笑顔を引き出せそうな「モノ」をテーマに質問するのもよい方法です。

　たとえば、図画の時間に描いた絵が先生にほめられたとします。それなら、持って帰ってきた絵を二人で見ながら、笑顔系クエスチョンタイムをはじめてください。

　「おお、これか〜。すごいねえ！　きれい！」「これはどこを描いたの？」「へえ、学校の花壇？　今、ひまわりが咲いてるの？」「このひまわりだけ、色が少し違うんだ？　どうしてこうしようと思ったの？」と質問の糸口がどんどん見つかるので、聴くのも簡単。子どもも得意げに答えてくれるでしょう。

　日常生活の中に、笑顔のきっかけとなる「もの」はたくさんあります。私（本間）の長男は、小学生の頃、学校の関係で毎年１週間のキャンプに行っていました。玄関先で靴を履く彼の横には、彼の体格にしてはやや大きめの、重たそうなリュックサックが。そこで私は、そのリュックをちょっと持ち上げ、「お、これ重いね。持てる？」と問いかけます。

　「うん、持てる！」と少し得意げにうなずく息子。私が「へえ、持てるんだ！　すごいなあ！」と言うと、息子は得意満面の笑顔でリュックを背負い、「いってきまーす！」と出発していきます。

　このように「僕ってちょっとスゴイ」と子どもが思えるような何かを、お母さんが発見してあげましょう。

　ランドセル、靴、体操着、帽子、傘、靴下など、子どもが毎日のように持ち歩くモノをあらためてよく観察してみましょう。サイズが合わなくなっていれば、成長しているということ。すり切れたり傷んだりしていたら、活発さの証しかも知れません。

第 3 章♥「笑顔系クエスチョン」の実践エクササイズ　　49

こうした細かい事実が確認されるたびに、「自分は見守ってもらっている」という実感が得られ、子どもの自己肯定感は確かなものになっていきます。

## 🌱 ヒント36　笑顔スイッチを入れよう

　笑顔系クエスチョンに慣れてくると、「これなら必ず笑顔になる」という特別なトピックができてきます。それは「必ず笑顔になるスイッチ」、つまり「笑顔スイッチ」です。このスイッチを、いくつも用意しておくとよいでしょう。

　たとえば、子どもの最高の経験を何度でも、話題にするのです。

　「あのときの○○ちゃんはホント最高だったな。あのとき、えーとなんだっけ？　先生がなんて言ったんだっけ？」

　と糸口をつくると、子どもは「もう〜、何度も話したじゃん」と口では言うものの、顔はうれしそうに笑っているはずです。

　もっと単純で、かつ効果的なのは「おふざけ」でしょう。

　たとえば、朝の起こし方を笑える方法にするのもひとつ。「オハヨー!!」と素っ頓狂な声を出す、目覚まし代わりにベッドのそばで歌を歌い、だんだんその声を大きくしていく、などです。

　ほかにも、「おかえり」や「おやすみ」のたびにお約束のポーズ（おかしなポーズがおすすめ）を決めたりと、ふざけた要素を生活にふんだんに織り込んで習慣化するのです。

　こうしたおふざけは、家族の中でしか通じないもの。というより、外の人に見られたらかなり恥ずかしいですね。でもその恥ずかしさがポイントです。家族だけの「秘密」「お約束」は連帯感のモト。連帯感と笑いを同時に体験できるスグレモノです。そして、そういった家族の時間は、あとから思うとかけがえのない思い出になるものです。

また、もっともっと単純な方法もあります。

「くすぐる」

　……単純すぎる？　いえいえ、笑ってくれるなら、なんでもいいのです。くだらなくて間の抜けたことでも、「アハハ」と笑えるものならすべてを活用しましょう。少しマヌケでユーモラス、そして安心感や連帯感を生む習慣をたくさん用意しておくことをおすすめします。

第3章♥「笑顔系クエスチョン」の実践エクササイズ

# ②さまざまな笑顔系クエスチョン
## その1「宝探し系クエスチョン」

### 🌱 ヒント 37 「笑顔のモト」を分類してみると…

　ルビー、サファイア、ダイヤモンド、オパール、水晶、ヒスイ、黒真珠……。宝石にさまざまな種類があるように、子どもの笑顔のモトも多種多様です。

　笑顔のコーチングは宝探しであることを前章で述べましたが、笑顔クエスチョンの代表格は、「宝探し系クエスチョン」。子どもに起こった出来事の中に、どんな「笑顔のモト」があったかを引き出す質問です。

　楽しいことやうれしいことを味わった瞬間は誰でも笑顔になるもの。でも残念なことに、それはもう一度誰かが尋ねない限り、その一回きりで終わってしまいます。その笑顔を二度、三度と繰り返させるのがお母さんの役割です。

　笑顔で振り返ることで、そのすばらしい経験はしっかりと心にきざまれます。経験した瞬間にはしっかりつかめなかった、「なぜうれしかったのか」「何を学んだか」という自分の気持ちも、あらためてもう一度しっかりつかむことができます。

### 🌱 ヒント 38 5つの「宝物」を探してみよう

　笑顔になったエピソードは、どれも「宝物」。
　その種類を、ざっと5つに分けてみましょう。

① 「ラッキー」……「やったー！」「うれしい！」と思えた出来事

② 「学び探し」……発見や驚き、興味を持ったこと

③ 「すてき探し」……これって楽しい！　きれい、すてき、かっこいい、と思ったこと

④ 「ありがとう探し」……誰かの親切、思いやり、笑顔などに感謝したくなったこと

⑤ 「ごめんね探し」……誰かとの仲直りなど、イヤな気持ちが明るく切り替わったこと

　一日の最後に、これら5つの宝物を探すことを習慣づけてみてはいかがでしょうか。

　「今日、ラッキー！　って思えることあった？」「今日の大発見ってな〜に？」「何をしたときが、いちばん楽しかった？」「今日、助かった〜！　ありがとう！　ってことあった？」「今日、誰かにごめんねって言った？」と、5つそれぞれ挙げることを日課にするのです。すると、子どもは毎日の出来事をていねいに味わうようになります。笑顔になれる出来事に敏感になります。

　「あ、これ『今日のラッキー』だな」

　「『今日のありがとう』はこれを言おう」

　「『今日のすてき』は何にしよう？　どこかにすてきなこと、ないかな？」

　自分から楽しい経験を探し出したり、笑顔や喜びのモトを引き寄せたりもできるようになるでしょう。

第3章♥「笑顔系クエスチョン」の実践エクササイズ　53

## ヒント39　出来事の中の「宝物」を探す

宝探しには、もうひとつ別の方法もあります。

先に子どもが語ってくれたエピソードを「それはラッキーだったね」「いい勉強になったねえ」と宝物に結びつける、という方法です。

ただし多くの場合、簡単に「この話はこのタイプの宝物」と分けることはできません。

ひとつのエピソードの中に「学び」の部分もあれば「ありがとう」の部分も……といった調子で、2つや3つの要素が混じっていることがほとんどです。ならばひとつの話の中から、その2つ、3つの宝物を見つけ出してみましょう。


「そっかー。今日こういう経験して、わかったことって何？」

「楽しかったんだね、いいねえ。とくにすてきだな～って思えたのはなんだろう？」

「いい話だね～。じゃあさ、『ありがとう』って言うなら誰に言いたい？」


ダイヤモンドだけでなくルビーもあった、真珠もあったとなれば、うれしさも格別ですね。では次に、宝物の種類ごとの解説に移りましょう。

## ヒント40　宝探し系クエスチョン①──ラッキー探し

ラッキーなことに出会った子どもの味わう気持ちは、「ダイレクトなうれしさ」。引き出し方も、あいづちの打ち方も、比較的簡単です。

「今日は、なんかいいことあった？」「ほうほう、それで？」「うそ、

ラッキー！！」

　これが、定番の流れと考えて OK。しかし、毎日「ツイてる」わけではないのは、大人も子どもも同じこと。なかなかラッキーが見つからないこともあります。そんなときは、子どもの好きなものを糸口に「ヤマを張って」みましょう。たとえば「給食が一番の楽しみ」という食いしん坊な子どもには……。

母「今日、給食なんだった？　あ、焼きそば？　おいしかった？」
子「うん」
母「ラッキーじゃん！」

　というふうに。
　また、ラッキーはつい見落としそうな小さい出来事の中に隠れている傾向があるので、そのあたりも刺激してみてください。

母「今日学校間に合った？」
子「も〜ギリギリだったよ〜。めっちゃ走って、疲れたよ」
母「あーでも間に合ったんだ！　よかったね！　あの国道のとこ、すぐ渡れた？」
子「あ、そういえば、ちょうど青だったの」
母「そうなんだ！　よかったじゃん！」
子「うん、言われてみればラッキーだったね」

　ツイていない、と思えることのなかにこそツキがあるものです。この例の場合、子どもは今朝のことを「遅刻しそうになって、走って疲れた」というネガティブな記憶として捉えています。そのとき、「なんだかんだで間に合っちゃった」「信号が青だった」というラッ

キーな部分に光を当てると、うれしい気分になれますね。

## 🌱 ヒント41 宝探し系クエスチョン②──学び探し

　学び探し、という言葉に、子どもは「マジメ」な印象を受けるかもしれません。そこで、堅苦しくならないよう、おどけた感じで問いかけるのがポイントです。

「はい、今日の学び〜。○○さんいかがですか〜？」
「今日の出来事を振り返って、はい、『今日の標語〜』。どうぞ〜」

　と、学校ゴッコか NHK E テレのノリで問いかけてみるとよいでしょう。
　さて、これがすんなり行く日ばかりであればよいのですが、そうもいかないのがつらいところです。というのも、学ぶきっかけとなる出来事はうれしいこととは限らないからです。むしろ、失敗や、痛い目に遭ったことがモトになっていることも多いもの。だからこそ、「そこから何を学んだか」を明らかにするのが笑顔への道です。

「そうか…。うんうん。じゃ、これからはどうしたらいいと思う？」
「そりゃ大変だったねえ。どうすればよかったかなあ？　それ、次からできるかな」
「本当は、どうしたいと思っていたの？」
「明日は、まず何からはじめようか？」

　と、「次はどうする」ということに視点を向けさせます。最後は「よく頑張った！」とほめましょう。そして、「よかったね！　これでひとつ大人になったぞ！」「ま〜た賢くなっちゃったね！」など、

成長を認める言葉とともに笑顔で終わるのが鉄則です。

　また、学び探しは子どもの「観察力」を伸ばすことでもあります。


「今日見つけたこと、な〜に」
「そのお花、昨日と今日で変わってた？　へえ、つぼみがちょっと大きくなってるの？」
「なんか発見した？ママに教えて」


　などが観察力を伸ばす質問です。「教えて」という言葉も重要なポイント。きちんと教えられるように、説明できるように、子どもは「自分がまずしっかり学び、観察しよう」と心がけるようになります。

　学び探しで出てきた話は、子どもがじっくり考え、その目で観察した「この子だけの知恵」。だからこそ、「へえ〜！」「そうなの！」「すばらしい！」と、大きくあいづちを打ちたいものです。

## 🌱 ヒント 42 宝探し系クエスチョン③──すてき探し

　「すてきなこと」＝子どもが好意や憧れ、感動を抱くようなことです。

　「今日は、なんかすてきなことあった？」

　というストレートな問いかけからはじめるのもよいですが、これだとよほどのことがない限り、すぐには出てこないでしょう。

　子どもの目をすてき探しに向けるには、「キレイ！」「かわいい！」「かっこいい！」などをキーワードにするのがコツです。


「かっこイイ！　って思ったことって何かあった？」
「かわいい！　って思ったもの、ある？」


第3章♥「笑顔系クエスチョン」の実践エクササイズ　57

「イケてる！　って思うような人、いた？」

　という質問なら、「隣のお兄ちゃんのバイク」「モデルの△△ちゃんの髪型」「難しい算数の問題をスラスラっと解いちゃった○○くん」などの答えが出てくるでしょう。そこから、

「バイク好きなんだ〜。大人になったらバイク乗りたい？」
「どんな髪型？　何に載ってたの？　へえ、ママにも見せてよ」
「算数得意なのってかっこイイよね〜。そういうふうになりたいと思う？」

と質問を広げていくことができます。
　さて、「すてき」は、かっこイイ！　イケてる！　だけがすべてでしょうか。決してそんなことはありません。
　子どもの表現は、総じて大人よりも「活発」なもの。だから、「かわいい！」「イケてる！」という話には敏感に反応します。でも逆に、「しみじみ、すてき」なことについてはあまり語らないものですね。
　しかし、「子どもはしみじみすることはない」と思うのは間違い。子どもは誰に言うともなく、しみじみ「すてきだなあ……」と、何かをじっくり味わっていることが多いのです。あなたにも、覚えがあるのではありませんか？
　部屋の中で赤々と燃えるストーブ。広い川原の向こうに見える、おじさんたちの草野球。夕刻、あちこちの家からただよい出す夕飯の匂い……。子ども時代に見た情景が、静かな、強い印象となって焼きついてはいませんか？
　そんな「しみじみ、すてき」を子どももきっと感じているはず。そこを問いかけるなら、

「なんかいいなあ、って思うもの、あった？」
と問いかけてみましょう。

　ただし、この問いに子どもは答えないかもしれません。自分だけの心にしまっておきたいと思ったら、子どもはそう簡単に話してくれないものです。

　その場合は、答えを無理強いしないこと。聞かれて答えはしないけれど、そのとき子どもの心にはその風景がよみがえり、ほほえましい気持ちになっていることでしょう。

　それだけで、十分にクエスチョンの目的は達成されているのです。

### ヒント43 宝探し系クエスチョン④──ありがとう探し

　「ありがとう」という言葉は、すべての人間関係の基本ではないでしょうか。

　ありがとう、と言われれば、うれしくて笑顔が出ますし、言う側に立ったときもしあわせな気持ちになれますね。感謝し合っている人どうしの間には、明るく平和な関係があるともいえます。

　子どもが周囲の人と円満な関係を結び、気持ちのよいコミュニケーションをとれるようになるために、「ありがとう」の気持ちをもてるかどうかは、とても大切なことです。ふだんから、たくさんの「ありがとう」（感謝の対象になること）に囲まれていることに気づくために、ゲーム感覚で「ありがとう探し」をしてみてください。

「今日は『ありがとう』って言うことあった？」
「誰に？　どんなことで助けてもらったのかな？」
「今日は、何回『ありがとう』って思った？」
「今日の『ありがとう』の中で、一番ビッグなのはどれ？」

第3章♥「笑顔系クエスチョン」の実践エクササイズ　59

「助かった～！　って思った？」
「うれしかったのか～。なんでうれしかったんだろうね」
「ありがたい！　って気持ちになった？」
「ありがとうって言ったら、なんて言われた？」
「その子と、これから仲よくなれるかなあ」……

　さまざまな質問が可能ですが、押さえておくポイントは３つ。必ず、「何がうれしかったのか」「その相手をどう思ったか」「これから、自分はどうしたいか」を問いかけることです。
　感謝した理由と、助けてくれた相手について考えることは必須。「これから」について尋ねるのは「その相手と親しくなりたいな」という気持ちや「自分も誰かが困っていたら助けよう」などの気持ちを今後に活かすためです。
　逆に、感謝される側になったときのクエスチョンはこちら。

「ありがとう、って言われたこと、あった？」
「どんなことで感謝されたの？」
「ありがとうって言ってもらって、どんな気持ち？」
「なんて答えたの？」

　などなど。いずれも、「ありがとう」の奥にある「気持ち」を引き出すことが大切です。本物の感謝は、よい笑顔を生み出します。感謝と笑顔で、周囲の人を大切にし、大切にされる人へと成長してもらいたいものですね。

## ヒント44　宝探し系クエスチョン⑤──ごめんね探し

　「ごめんね」がどうして笑顔につながるのか、と疑問に思う人が

いるかもしれません。

　たしかに「ごめんね」自体は、原因が深刻であればあるほど、笑顔では言いづらい言葉ですね。しかし、「ごめんね」を通して、「ネガティブな気持ち → ポジティブな気持ち」「嫌い → 好き」「ムカムカ → すっきり」へ転換できれば、それはすばらしい笑顔を生むはずです。つまり「ごめんね探し」は、仲直りという宝物を探すことなのです。

　「今日は、誰かにごめんねって言った？」
　「どんなことで言ったの？」
　「許してもらえた？」
　「そっか、アイツだって悪い、か……。で、許してあげた？」
　「ごめんね、って言ったとき、どんな気持ちだった？」
　「何が、その子を傷つけちゃったんだろうね？」
　「謝ったあと、どんな気持ちになった？」
　「仲直りできそう？」
　「謝る前と後とで、気持ちはどんなふうに変わってる？」
　「これから変われるとしたら、どういうところ？」

　謝罪から仲直り、ネガからポジへの変換は、誰にでもすぐにできることではありません。できれば時間をかけて、じっくりと話を聴きたいところです。

　「謝る」には、勇気が必要です。自分の悪い点を認め、心から潔く謝れるのは強い証拠。「ごめんね」が言えたら、そのことを大いにほめてあげましょう。

　逆に、相手の謝罪を受け入れて「許す」のも大仕事です。相手に傷つけられて心にダメージを負っている以上、できればずっとスネ

て、ツンとしていたほうが楽です。でも、勇気をもって謝ってきた
相手を受け入れて許すことができたなら、それは心がひとつ強く
なったということなのです。

　つまり仲直りとは、勇気のある二人の大きな一歩なのです。本心
から「謝ることができた」「許すことができた」子どもは、成長の
階段をひとつ上ったわけです。

　「偉いね！」「よく言った！」「ふところ深いね！」「心が広いね！」
「強いなあ」「自分が強いとやさしくなれるね」……これらの言葉を
重ねることで、子どもは「仲直りのできた自分」のすばらしさに気
づき、ニッコリ笑って誇れるようになるでしょう。

第3章 ♥「笑顔系クエスチョン」の実践エクササイズ

# ❸ さまざまな笑顔系クエスチョン
## その2「たとえ系クエスチョン」

### ヒント45 見つけ出した笑顔を、しっかり味わうためには…

　「宝探し系クエスチョン」は、つい見落としそうになっていた楽しさやうれしさ、成長できたこと、周囲の人のありがたさ、などの「宝物」を探して、引っ張り上げるクエスチョンでした。

　では、見つけた宝物はどうすればよいでしょうか。

　そのままほうっておけばよいのでしょうか、忘れてしまってもよいものでしょうか？　または、宝物を見つけようとしていたのに、妙なモノまで引っ張り上げてしまったらどうすればよいでしょうか？

　わけのわからないモノが飛び出してきて、処理に困りはててしまうこともあるかもしれません。

　ここでは、プラスであれマイナスであれ、感じている感情にどう対処すれば笑顔に結びつくか、ということを考えたいと思います。自分の気持ちをしっかりつかむ。そこからどうなりたいのかを考える。そのためのクエスチョンが、「たとえ系クエスチョン」です。

### ヒント46 見えない「感情」を、見える「モノ」へ

　「感情」や「気持ち」をうまくコントロールできないことは誰にでもあります。自分がどう考えているのかさえわからないくらい、混乱してしまうこともあります。子どもの場合、自分の感情をうまく表現できるボキャブラリーがあまりないために、とくにそうです

第3章 ♥「笑顔系クエスチョン」の実践エクササイズ　63

ね。

　心の中をコントロールするのはなかなか難しいことです。なぜなら、心は目に見えないものだからです。

　たとえば、もし掃除機の調子が悪くなったらどうしますか？

　「何か詰まったのかしら？」と吸い込み口をのぞいたり、パイプを取りはずしてみたりするでしょう。フィルターをしばらく換えていなかった！　と気づいたりもするでしょう。説明書を開いて調べたりもするかもしれません。そうすることで原因がわかり、原因がわかれば、それを取り除く。すると掃除機はまたスイスイと動き出します。

　目に見えるものが壊れたら、よく見て故障箇所を探せばいい、というわけです。

　でも、目に見えないものなら「よく見る」ことは難しいですね。感情コントロールの難しさはそこにあります。自分がどう考えているか、どんな状態にいるかを目で見ることはできません。そこを見やすくするのが「たとえ」の役割です。

**「今の気持ち、色で言うなら何？」**
**「花で言うと？　たんぽぽ？　ひまわり？」**
**「じゃそのとき、どんなモノに変身した気分だった？　恐竜？**
**へえすごいなあ」**

　といった調子で、わかりやすい「モノ」に気持ちをたとえながら心の中を整理する手助けをする。それがたとえ系クエスチョンです。

　どんな「モノ」にたとえるとよいかは、その場の状況や子どもの性格によって変わってきますが、基本的には「ふだんからよくなじんでいるモノ」が一番です。中でも、「色」は場面を問わず、どん

64

なときにも使える便利なツール。では、色を使ってどんなたとえ系クエスチョンをつくれるでしょうか？

## 🌱 ヒント47 たとえ系クエスチョンの代表格「色」

「おー、ニコニコだね〜。今の気持ちは何色？」（楽しいとき）
「今、心の中はどんな色になってるかな〜」（悲しいとき）

　色は、たとえ系クエスチョンの代表格。どんな場合にも応用できるツールです。色をテーマにすると、人はかなり的確に感情を伝え合うことができるものです。

　普通、どんなことに関しても「印象は人によって違いが出てくる」もの。ニシキヘビをかわいいと思う人もいれば、トップモデルを「どこがいいのかわからん」と言う人もいます。みんなの感覚が共通する、なんてことはめったにありません。

　ところが、色に関してはかなり共通度が高いのです。

　白に清潔感や神聖さを感じる。赤に元気、情熱、または危険を感じる。グレーには不安を、青には静かさ、ときには寂しさや憂鬱さを感じる……。皆さんがもっている色のイメージも、だいたい似通っているのではないでしょうか。

## 🌱 ヒント48 複雑な色の場合は……

　とはいえ、「赤」や「白」や「ピンク」ならともかく、「深緑」や「濃紺」など、複雑な色なら読み解きも難しくなってきます。

　複雑な色を挙げたり、「この色にどういう名前がついているのか、わかんない」などと言い出したりする場合もあります。そんなときは自分でも処理できない混乱した感情や、うまく言えない悩みを抱えていることもあります。じっくり話に耳を傾けることが大切です。

「深緑」のイメージが読み解けなければ、

「そうか、深緑か。何がそんな深緑色だった？」

「そんな深緑を、どこかで見た？　何で見た？」

などと質問して確認するのもひとつの方法です。「キャンプで行った森の色」なのか、「戦争映画で、歩兵が着ていた服」なのかでその意味も変わってきます。

さらに、そのキャンプが楽しい思い出かどうかも判断材料になりますし、戦闘服のイメージが「かっこいい」なのか「恐い」なのかによっても変わってきますね。さらに質問を重ねながら探っていきたいところです。

そのほか、色自体を「分解」してもよいでしょう。

子「何色って…わかんないよ、そんなの。グチャってした色」

母「グチャってした色なんだ。それ、どこかで見た？　何がそんな色だった？」

子「別に……なんの色とかってわかんない。とにかくグチャってしてる」

母「そうなんだ。じゃあ…何色と何色が混じってるかわかる？」

子「え〜なんだろ。茶色と、グレー……黒と、青もちょっと」

母「うわあ、それはグチャグチャだ、たしかに何色かわかんないねえ」

子「でしょ。それがグッチャグッチャってなってる」

母「グッチャグッチャか。それって、完全に混ざりきってないってこと？　茶色いとことか、グレーなとことかがまだ残ってるってこと？」

子「…そうかも。青が残っているとこもある」

母「へえ、マーブル模様なんだね」

こうした会話をするうちに、子どもは心の風景を落ち着いて観察できるようになっています。その過程はとても大切です。そして子どもが心を整理する間、「待つ」ことはさらに大切。「この色は、こういう意味なんでしょ」などと決めつけず、好奇心をもって、「おもしろいね、マーブルだね」、などと楽しみながら見守りましょう。

### 🌱 ヒント 49 　量を増やすと、見えてくるものもある

　一見「難物（なんぶつ）」と思えた色のたとえが、すぐ読み解けることもあります。たとえば、今の気持ちは「紫」と言われた場合です。

　赤と青が混合した色である紫。どう判断してよいかわかりません。ポジなのかネガなのか、情熱なのか不安なのか、憧れなのか嫌悪感なのか……。

母「それっていい気分？　イヤな気分？」
子「よくわかんない。紫は紫だよ」

　と言われると手詰まりのようにも感じます。でもそんなとき、子どももまた自分の気持ちに説明がつかず、困っているのかもしれません。

　そこで役立つのが、「増やす」という方法。単純ですが効果大です。

母「そうか。じゃ、今○○ちゃんは紫の風船を持っているとします」
子「うん」
母「この風船が２個、３個と増えて、部屋中いっぱいになったらどんな感じ？」
子「えっ…ちょっとやだな」
母「どうして？」

第３章♥「笑顔系クエスチョン」の実践エクササイズ　67

子「気持ち悪い」

母「気持ち悪いかあ。気持ち悪い、だけ？　ほかには？」

子「おもしろい気もするかな…でも、ずっといると気分悪くなりそう」

　量が増える、膨らんでいく、大きくなっていく。そんなイメージを広げていくと、「どう思っていたのか」がはっきりしてきます。

## 🌱 ヒント 50 遊べるたとえ系クエスチョン「ボール」

　さて、この例でお母さんは「風船を持っていたとしたら……」というキーワードを使いました。この「風船」「ボール」などもまた、活用範囲の広いたとえツールです。

「ボールにすると、大きさはどれくらい？」

「やわらかい？　空気はちゃんと入ってる？」

「小さいの？　ピンポン球くらい？　テニスボールくらい？」

「表面はどんなかんじ？」

　と、大きさはもちろん、色、硬さ、手触り、重いか軽いか、はねるかはねないか、などいろいろな角度から質問することができます。

　「はずんだ気持ち」「しぼんだ気持ち」「張り詰めた気持ち」など、実際の感情をあらわす言葉にも、ボールにたとえやすい表現がたくさんありますね。

　また、ボールにたとえるとおもしろいのは、「そこから遊べる」ということです。

母「そうか、じゃそのボール、投げてみようか。こっちに投げて！」

子「いくよ。はいっ」

母「（受け取る瞬間に手を大きく広げて）うわっ、大きくなった！」

子「ええ～っ」

母「はい、返すよ～。落とさないでね、重いよ！（投げる）」

子「え、ちょっと、…ふわ～受け取った！　じゃ返すよ（投げる）」

母「（受け取る瞬間、両手の幅を小さくして）お！こんどは小さくなった！」


　と、実在しないボールを投げ合いっこして、大きくなった、縮んだ、重くなった、形が変わった……と、変化を楽しみながら遊びましょう。とくに、怒りや焦り、悲しみや痛みなど、できればなくなってほしい感情をボールにたとえて窓から投げるまねをすると、バカバカしいと思いながらも、気持ちが切り替わるものです。

　伊藤守さんは「コミュニケーションはキャッチボール」® という表現を日本に広めた立役者ですが、やはり本質をよくあらわした比喩なのだと思います。

## 🌱 ヒント51　花・動物・キャラクター
### ──お好みのたとえ系クエスチョン

　ほかにも、子どもの好きな何かになぞらえる、というたとえ系はおすすめ。

　「好きなマンガのキャラクター」「好きな花」「好きな動物」「好きな食べ物」……なんでもかまいません。

　花が好きな子なら、自分の状態を花にたとえる、というのはしあわせな作業ですね。ぜひ毎日、「今日はどんな花の気分？」と問いかけたいもの。昨日はチューリップ、今朝はひなぎく、今この瞬間はカーネーション……。頭の中でしょっちゅう花のイメージを抱く

第3章♥「笑顔系クエスチョン」の実践エクササイズ　69

ことができて、楽しい毎日を送れそうです。

　同じように、動物が好きなら「今日の動物」を聞いていく、というふうに、毎日の日課に活用してください。

　なお、「誰かを動物にたとえてみる」のもよい方法です。とくに、嫌いな人、苦手な人を動物にたとえると、気分が明るく切り替わる効果があります。


**子「私、あの先生、きら～い」**

**母「あら、嫌いなの？　どんな先生なのかな」**

**子「とにかくイヤなの」**

**母「へえ。動物で言うとどんな感じ？」**

**子「……なんだろ。イボイノシシ」**

**母「あはは、イボイノシシ！　おもしろいねえ」**


　どんな人も、誰かを「嫌い」と思うときは、「嫌いフィルター」越しにその人を見てしまうもの。このフィルターはなかなかクセモノで、その人の欠点しか見えてこなかったり、怒りや苛立ちだけが起こったり、という状態になるのです。

　しかし「動物」というほかの何かにたとえると、（それがイボイノシシであったとしても）、その動物のユーモラスさ、かわいらしさ、おもしろさが見えてきてすこしほほえましく感じられるはず。

　子どもが「ひとつの視点」からしかモノを見られなくなっているときは、たとえ系クエスチョンで発想をやわらかにする手助けをしましょう。

70

## ヒント 52　季節・天気
―― 子どもと外界を「なかよし」にするクエスチョン

もっともベーシックなたとえツールが「天気」です。

「今日の気持ちは快晴！」
「今日は雨降り気分」

なんて、たとえ系クエスチョンならずとも世の中でよく使われるフレーズですね。

同じように、絵日記気分で「今日のお天気は？」と尋ねたり、実際に「心のお天気記録」をつくってみると、おもしろそうです。「季節」にたとえるのはその応用版といえます。

母「そうなの、よかったね！　じゃ、あったかい気持ち？」
子「そうだね、ポカポカだね」
母「ポカポカか。季節で言うなら……」
子「春だね、ここは当然、春でしょう」
母「春のいつごろ？　どんな景色が見えてる？」
子「4月。入学式の子どもが歩いてる。桜が咲いてて、花びらが舞ってる」

と、どんどん語ってくれそうですよね。

「季節だと、4種類しかないからすぐネタが尽きそう」と思ったら大間違い。四季だからといって単に「4種類」ではありません。初夏、晩秋など、同じ季節の中でも、見方によってさまざまな味わいがあるものです。

たとえば、「夏」といっても「暑い」だけで終わることはありません。どんな「夏」を思い浮かべているか、詳しく聞いてみましょう。太陽ギラギラの海岸なのか、風鈴のなる夕刻の縁側なのか、蚊帳の中で雑魚寝する夜なのか……。

問われるままに答えているうち、子どもは実際の季節の移り変わりにも敏感になります。空の色、風景、人々の表情など、こまかな変化を目にとどめ、その感性はますます豊かになっていくことでしょう。

## 🌱 ヒント53 数字・比較
### ──そのほかの便利なたとえ系クエスチョン

ほかにも、「数字」を使うという方法があります。

イメージの広がり方は色や花の質問が向いていますが、比較的正確に気持ちをつかみたいときには、とても便利です。

母「うれしかった？」
子「うん！」
母「聞く前の何倍くらい気分よくなった？」
子「ん〜10倍！いや20倍！」
母「へえー！　最高じゃない！」

という感じで使うのが一番簡単ですね。ほかにも、

「それ、うれしかった記録第何位？」
「前までが1だとしたら、今は○○ちゃんとどんくらい仲よし？」
「よく頑張ったね！　自分に何点あげたい？」
「今、ご機嫌メーター何ミリリットル？」

などがおすすめです。

　数字だからといって、正確である必要はありません。その場その場の感覚で、おおざっぱにたとえさせても大丈夫。あえて、よりわかりやすくするコツを挙げるとしたら「比較」を使うという方法があります。

　前とどれだけ変わったか。ほかのことに比べてどれくらい大事か。昨日より今日のほうがどれくらいご機嫌か。これらを数字で答えてもらうと、とてもわかりやすいですね。

　「ゲーム機を買ってもらった！」を「うれしかった記録第１位」にしてきたとしたら、

　（そうか、こないだまで１位だった『リレーの選手に選ばれた』は２位に転落か……よほどゲーム機が欲しかったのね）

　と、その子の気持ちが見えてきます。

　このように便利な「比較」ですが、気をつけたいのは「ほかの子との比較」をしないように気をつけること。

　「あの子が１だとしたら、○ちゃんはどれくらいできたと思う？」

　「あの子より、何倍イケてるかしらね？」

　などという質問は厳禁です。

　「あの子とくらべてすてき」「あの子より偉いんだ」という考え方は寂しいもの。自分とは違う存在を受け入れ、笑顔を広げようというときに、そんな貧しい争いをしてどうなるのでしょう。笑顔どころか、傲慢さやひがみ根性が増幅するだけです。

　比較は、「昨日の自分と今日の自分」「あのときのうれしさと、今のうれしさ」など、その子自身の中の変化を見届けるときのみ、活用するようにしましょう。

第３章♥「笑顔系クエスチョン」の実践エクササイズ　　73

## ヒント 54 おすすめのアフターフォロー

　たとえ系クエスチョンを重ねていると、子どもがどんなことに魅力を感じ、どんなことで元気を出し、つらいときにどんなことで慰められるかが見えてきます。お母さんは、そうして得た情報をぜひ日常生活に役立ててください。

　花の好きな女の子がすてきな経験をして、その気分を「オレンジ色のガーベラ」にたとえたとします。それなら、翌日にオレンジのガーベラを一輪買って、部屋に飾ってあげてはいかがでしょう？

　逆に、ガッカリする出来事があって、「今の気分はグレー」と言った子がいたとします。

母「そうか、グレーか……じゃ、このグレー、どんな色に変わってほしい？」

子「なんだろなー、ピンクかな」

母「ピンクいいねー。ピンクになりたいねえ」

子「なりたいねえ」


　こんな会話を交わした翌朝、お弁当のご飯にピンク色のでんぶをかけてあげる、といった工夫をしてはいかがでしょう。ピンクのハンカチを持たせるのもすてきな方法ですね。

　手の込んだことは必要ありません。気軽にできる小さな工夫を、少しずつ日常にちりばめてみましょう。そうした「ちょっとしたアフターフォロー」ひとつで、子どもは大いに元気づけられるものなのです。

第3章♥「笑顔系クエスチョン」の実践エクササイズ

# ④さまざまな笑顔系クエスチョン
## その3「ヒーローインタビュー」

### ヒント 55 さまざまな笑顔系クエスチョンを組み合わせて

　コーチングの基本をきちんとふまえ、笑顔系クエスチョンのさまざまなバリエーションを使いこなせるようになれば、あなたはもう「笑顔のコーチング」の達人といってさしつかえないでしょう。そこで最後に、今まで出てきた笑顔系クエスチョンを組み合わせた、いわば「総合編」としてのコーチング方法をご紹介します。

　笑顔系クエスチョンは、簡単にできるものがほとんど。二人で夕食の用意をしたり、食卓をかこんだり、お風呂からでたあとに髪の毛を乾かしたりするちょっとしたひとときを使って、気軽に話せることばかりです。でも、これからご紹介する「笑顔のヒーローインタビュー」は、時間のあるときにじっくり取り組んでみたい方法です。

　まずは「ヒーローインタビュー」の方法をご紹介しましょう。自分なりのアレンジを加えながら、親子の笑顔のコーチングに役立ててください。

### ヒント 56 成功体験を語ってもらう

　コーチングは可能性を引き出すコミュニケーションの方法です。その中でも、可能性をもっとも強く引き出せるのが「ヒーローインタビュー」です。

　その方法はいたって簡単。「これまでで一番、成功した！　と思

える体験について語ってもらう」というものです。頑張った、うまくいった、充実したときをすごせた、達成感を得られた……そんな経験を話してもらうのです。

野球の選手が試合後にお立ち台に立ち、マイクを持った記者に「今日のヒーロー、○○選手です。おめでとうございます！」と紹介されて万雷の拍手を浴びている……あの様子を思い出してください。コーチは記者になったつもりで、相手の成功体験をあれこれ聞き出せばいいのです。

質問の基本はまず「5W1H」。

「いつ（when）どこで（where）誰が、誰と（who）何を（what）なぜ（why）どのように（how）」行ったのか。これを訊けば、出来事の内容はほぼ把握できます。

「それ、いつの話？　へえ、誰かと一緒に？　一人で？　すごいね」といった調子で、盛り上げながら訊きます。

そのときに大切なのはあの3点セット、「あいづち・うなずき・繰り返し」であることはもうご存じですね。さらに大切なのが、相手の話を否定しないこと。どんな内容でも、「へえ」「すごい」「すばらしい！」と言いながら問いかける。これが鉄則です。

## ヒント 57　笑顔のヒーローインタビュー

さて、「通常のヒーローインタビュー」では「成功体験」を話してもらうのですが、これからご紹介する「笑顔のヒーローインタビュー」では、「自分が笑顔になった体験」、あるいは「誰かを笑顔にした体験」を語ってもらいます。お母さん方には、ご家庭などで、ぜひ、この「笑顔のヒーローインタビュー」にトライしていただきたいです。

結果的に「成功体験」になることも多いのですが、それよりは少

し範囲が広そうですね。しみじみしあわせを感じた話、誰かの好意がうれしかったという話、ときにはお腹をかかえて笑ったおかしな話、なども出てきそうです。

　バスを待っているときや、テーマパークでの順番待ち、渋滞の車の中など、会話の続きそうな時間があるときに試してみてください。夕食後に時間をとって、イベントにするのも楽しいですね。

　質問の仕方は、基本的に通常版と同じです。そこに、笑顔系クエスチョンをプラスしていきます。

　最初は話の内容やアウトラインをつかむことが大切ですから、5W1Hの質問が中心となるでしょう。表情豊かに、あいづちをたくさん入れながら、出来事の内容を把握しましょう。

　そして内容がほぼわかったら、笑顔系クエスチョンを出していきます。


「すてきだったんだね……。どういうところが一番すてきって思った？」
「よかったね、本当に。誰かにありがとうって言うとしたら、誰に言う？」
「そのときの気持ちって、色にしてみたらどんな感じ？」
「お花でたとえるとなんだろう？」


　このように質問を重ねていくと、笑顔の経験をますますいろんな角度から見ることができて、さらにうれしい気持ちになれそうですね。

　もしこのヒーローインタビューが好評なら、定期的に開催してはどうでしょうか。

母「今月のいいこと話すコーナー、はじまりはじまりー！！」
子「ね〜今回２つあるんだけど、どうしたらいい？」
母「両方言っちゃおう！　とことん聞くわよ〜」

こんな調子で、月に１回のイベントをもつのもよいでしょう。

## ヒント58　対話を通して子どもの未来を開く

「笑顔のコーチング」は、聴くお母さんのほうも楽しくなってきます。

小さなやりとりも、「ヒーローインタビュー」のような、ちょっと大がかりな対話も、楽しいゲームやイベントのように、おもしろおかしく味わってください。

ときには、子どものノリが悪いこともあるでしょう。笑顔がなかなか出てこないこともあるでしょう。それでも焦りは禁物。笑顔のモトは必ずある、今は表面に出てこないだけ……と、信じて待つことを忘れないでください。

何より大切なのは、お母さん自身がハッピーであること。お母さんが心の底からの笑顔でいてくれたら、子どもはとても救われた気持ちになるものです。

次の章でも、そんな親子がたくさん登場します。６つの実例を通して、笑顔のコーチングの手法とノウハウを、より詳しく解説したいと思います。

# 第4章
# 子どもの夢・未来につながる笑顔のコーチング

- **ケース１** サッカー好きな小４の息子
- **ケース２** 作文を書けなくて困っている小３の娘
- **ケース３** 先生に怒られて落ち込んでいる小１の息子
- **ケース４** 反抗的な中２の娘
- **ケース５** 容姿を気にする高２の息子
- **ケース６** 待ち合わせ時刻に遅れた男の子

　この章では、母と子の会話例が６つ登場します。
　男の子もいれば女の子もいますし、年齢も性格もさまざま。お母さんの話し方やリアクションも、ケースによって大きく違います。唯一共通しているのは、どのケースでも「お母さんが笑顔でいる」ということです。大笑いであったり、静かなほほえみであったりと程度の差はありますが、「笑顔」であることは何があっても変わりません。それは、お母さんが子どもの未来を信じているからです。「このお母さんは、この子のことを信じている」。ケースを読みながら、常にそのことを心に留めておいてください。
　なお、対話のあとには「解説」と「笑顔のポイント」が入ります。
- **お母さんのこのセリフは、こう役立った！**
- **笑顔につながっていくポイントはここ！**

などを整理してまとめたものです。対話部分を呼んでいる段階で、「このセリフ、こういう意味があるのでは？」と想像してみましょう。そして解説とポイントで再確認を。「もし私なら」「もしうちの子なら」と重ねあわせつつ、自分がコーチになったつもりで読むことをおすすめします。

第4章♥子どもの夢・未来につながる笑顔のコーチング

● ケース1 ●

# サッカー好きな小4の息子

　マサトくんは小学校4年生。お母さんはそんな彼のことが、最近少し気になっています。

　勉強もそこそこできて、友だちもそこそこいて、毎日をそこそこ楽しそうに過ごすマサトくん。でも、どこかクールで、本音を出さない彼の気持ちがお母さんには今ひとつつかめません。この子は何を考えているのか。たとえば、どんな将来の夢をもっているのだろうか？

　いつもより一歩踏み込んだ話をするために、お母さんは彼に質問しはじめます。

**対話** 1-1

母：マーくんってさ、何をしてるときに一番ワクワクするのかな？

子：そりゃあ、サッカーだよ。知ってるでしょ。

母：サッカーか。そうだよね。でも、サッカーやってるとき、どういうときに一番ワクワクするんだろうなって思うの。知りたいな。

子：ん〜、キラーパスが通ったときかな。

母：キラーパス？　それが通るとどんな気持ちなの？

子：やったー！　って感じ。

母：やったーって感じ？　難しいことやったのがすごいって感じ？

子：うん。カッコイイ感じ。

母：みんなが、「おーすげ〜」って言ってくれるのも、うれしかったりする？

子：まあね、うん。でも……人がどうってより、自分がやったーだ
　　よね。

母：なるほどね。かっこいいもんね。サッカーやってて、ほかに楽
　　しいのっていつ？

子：サッカーの試合に勝ったあと、友だちとワイワイ言いながら帰
　　るときとか。

母：ああ、うれしいよね、そういうの。マーくん友だち好き？

子：いいヤツは好き。

母：どんなヤツをいいヤツだと思うの？

子：おもしろいヤツかな。

母：たとえば？

子：お笑い芸人のマネとかするヤツ、いるんだよ。バカだけどおも
　　しろいよね。

母：マーくんはやらないの？

子：やらないよ。恥ずかしいよ。

母：そうかー。ママいろんなことわかって、うれしいな。マー君は
　　サッカーが好きで、かっこいいキラーパスが好きで、おもしろ
　　いことするヤツが好きで、それを見てるのが好きなんだね。

子：うん、今言ったの、全部好き。

**解説** 1-1　「好き」から見える人柄と価値観

　笑顔を引き出すには「好きなこと」について問いかけることが大
切です。「好き」という言葉そのものではなく、「ドキドキ」「ワク
ワク」「ウキウキ」などの表現もいいですね。ここでは、お母さん
は「ワクワク」を使っています。

　マサトくんが「サッカー」と答えるのは、きっと予測できていた
ことでしょう。本題はそこからです。サッカーをやっていて何が楽

第4章♥子どもの夢・未来につながる笑顔のコーチング　　81

しいのか、どんな瞬間が好きなのか、と一歩踏み込んだ質問をしたいところです。

ここで返ってきた「キラーパス」という答えは、マサトくんの人柄を読み解くキーワードです。キラーパスとは、一瞬の隙をついて遠くの味方に送る、一直線の鋭く長いパスのこと。派手な「シュート」ではなく、あえて「キラーパス」と言うところはクールでかっこいいものを好む性格のあらわれといえます。

さらに、「人から『すげ〜』と言われるより、自分が『やったー』と思えること」を重視する、ということも見えてきます。

さらに、「芸人のマネをする友だちは好きだけど、自分はそんなことはしたくない」とも言うマサトくん。

お母さんは最後に、「マーくんはサッカーが好きで、キラーパスが好きで、……が好きなんだね」と、まとめています。そのとき同時に、お母さんの心の中で、「つまり、この子の価値観はこういうことかも」と軽くまとめておくと、なおよいでしょう。

つまり、「この子は笑いをとったり、人にキャーキャー言われたりすることよりも、自分が理想とするかっこよさを求めて生きることを重視する子だ」ということです。彼のその価値観を尊重することはとても大切。彼をほめる機会には、「かっこいいね」「イケてるね」といった表現が笑顔につながるカギになります。

ちなみに、笑わせるのが好きな三枚目志向の子どもなら「おもしろいね」が理想のほめ言葉。本人が言われて喜ぶことを言うのが、笑顔スイッチを入れるコツです。

### 笑顔 のポイント

- キーワードは「好き」「ドキドキ」「ワクワク」など
- その子の性格に合わせたほめ言葉を送る

## 対話 1-2

母：じゃあさ、行って見たい国とか、大人になったらやりたいことってある？

子：ドイツに行ってみたい。大迫勇也がいるから。

母：そうか、大迫好きなんだよね！　ドイツ行ったら、まず何する？

子：試合観にいく。

母：あとは？

子：試合と……ん〜。試合が観られたら、それでいいや。

母：あはは。本当にサッカーが好きなんだね。マーくんが20歳になったときって、どんなふうになってるんだろうな。何してると思う？

子：アンダー23で日本代表だったらすごいけど、難しいかなあ。

母：難しい？　そうかなあ？

子：だって、うまいヤツ、いっぱいいるんだよ。僕もチームの中では2番目くらいにうまいけど、でも代表なんて、ダントツじゃないと無理じゃん？

母：ダントツになるには、今から何をすればいいの？

子：やっぱり練習だよなあ。

母：じゃ練習、頑張るか。ダントツになって、活躍してる20歳のマーくんを想像してさ。

子：できるかなあ。

母：そうねえ。どんな人が応援してくれたらできそう？

子：……（小さい声で）ひ、広瀬すず、とか……。

母：うふふ。すずさんみたいなお姉さんが応援してくれたら、うれしいかあ。

子：うん、ママじゃダメだな。

**母**：ダメか、がっかりのすけ（笑）。でも及ばずながら応援するよ。頑張ろうね。

**子**：うん。

## 解説 1-2　夢と直結しなくても、気長に見守る

　ここからは、「未来」に関する質問に移っていきます。「大人になったらやりたいことは？」「行ってみたい国は？」「そこで何をしたい？」など、本人の「希望」を引き出していきます。

　次にお母さんは、将来の夢を訊いていますが、「将来の夢は何？」とストレートに質問するかわりに、「20歳になったときに何していると思う？」と想像させています。

　これはとても意味のある質問です。

　夢という言葉は「ドリーム」ともいいますが、将来の夢となると「ビジョン」という言葉でも表現できます。ビジョンとは、つまり「映像・イメージ」です。

　人間は、夢を「文字で」見ることはありません。頭の中で夢を描くとき、それは「映像」の形をとっているはず。ということは、子どもに10年後を「思い描いてみて」と想像させると、子どもは活き活きとそれを描くことができるのです。

　とはいえ、彼の夢はまだ漠然とした憧れのようなもの。プロのサッカー選手になる難しさも想像できるし、皆が大迫勇也になれるはずもない、という現実感ももっています。

　ここで親にできるのは、今をとことん生きさせること。そして「どうなるにしても、応援しているよ」という姿勢を見せることです。

　ここまで親身に話を聴けば、子どもも安心感や信頼感を抱いてくれるはずです。ときには好きな女の子のタイプなども質問しながら、笑いを交えて深い対話を続けたいものです。

## 笑顔 のポイント

・夢を描かせるなら「○年後を想像してみて」と言ってみる
・まだ夢が漠然としていても、「応援するよ」というメッセージ
　は伝える

第4章♥子どもの夢・未来につながる笑顔のコーチング

**・ケース2・**

# 作文を書けなくて困っている小3の娘

「遠足の感想を書きましょう」という作文の宿題を前に、ユカちゃんは悩んでいました。とても楽しい遠足だったのに、文章にするとなるとうまく書けないのです。

その様子をうかがっているお母さんも、やはり心配。豊かな感性をもっているユカちゃんが、もっとのびのびと自分を表現できたらいいのに……と思っていたところなのです。

何か、親からアドバイスできることがあるかもしれない。そう思って、お母さんはユカちゃんに話しかけます。

**対話** 2-1

母：ユカちゃん、書けたんだ、作文？

子：……うん、書いたよ、一応……。

母：へえ、ママに読んで聞かせてよ。

子：やだ、きっと怒るよ。ぜんぜんダメ！　って。

母：怒らないよ。約束する。読んで読んで。

子：ホントに怒らない？　じゃあ……（読みはじめる）。

「きのう動物園に行きました。とても楽しかったです。きのう動物園に行ったら、京子ちゃんとゆみちゃんと、ひろみちゃんと、たかこちゃんと、さとみちゃんと、みんなでお弁当を食べたら楽しかったです。きのう動物園に行ったとき、ゾウがいました。キリンもいました。それからサルを見ました。とても楽しい遠足でした。おわり」

母：な～るほど～。お友だちいっぱいいて楽しそうだね。

86

子：うん。いつものなかよしさん。

母：よく頑張って書いたね、えらかった。動物は何が一番かわいかった？

子：キリンさん！

母：キリン、好きなの？

子：うん‼

母：そうか〜キリン好きなんだ。何してた？

子：歩いてた。うふふふ（思い出して笑う）。

母：うふふふ。歩いてたんだ。どう思った？

子：かっこよくてきれいだな、って。キリンって足細いの。でも体は思ってたより大きかった。首はやっぱり長かったよ。

母：ねえユカちゃん、それも書いたら？　先生も、ユカちゃんがキリンさんの足細いの見てかっこいい！　って思ったんだ〜、って、わかってくれるよ。

子：でも書き直すの面倒くさいよ。また消しゴムでグチャグチャになっちゃう。

母：大丈夫、大丈夫。消さないでそのあとから書けばいいよ。

子：「とても楽しい遠足でした」って終わったのに、そこからまた「キリンは」って書くの？

母：そうよ。ママも子どものころ、そうやって「おまけ」とか「追加」とかって、思い出したこと書いたよ。そっちのほうがほめてもらえたよ。

子：そっか……じゃ、「追加。キリンは足が細かったです。体は思ってたよりすごく大きくて、首はやっぱり長かったです。」

母：すてき、そんな感じ。すごいすごい。

## 解説 2-1　自由な発想をはばたかせる

　作文を書くとき、子どもはつい「こう書かなくちゃ」という決まりごとに縛られがちです。順序よくまとまりよく、いろいろなことをまんべんなく書くのがよい作文である、と決めつけてしまうことがあります。すると、考えたことが多すぎてうまくまとめられない、という現象が起こります。

　この状態に陥ったユカちゃんが書いた最初の作文は、たしかに上手なものとはいえませんでした。でも、「こんなのダメよ、書き直し」などと言うと、子どもは作文をますます嫌がるようになるだけ。だからお母さんはまず、「ここまでよく頑張って書いたね、偉かった」と承認のメッセージを送っています。

　次に、「何が一番感動を呼んだのか」に焦点を当てます。

　そのとき、「友だち」についてはあえて深く掘り下げていません。なぜなら、「動物園への遠足」がテーマでないときでも書ける事柄だからです。その日にしか書けないことを引き出すために、「動物は何が一番かわいかった？」と質問しています。

　出てきた答えは「キリン」。キリンについて突然熱く語りはじめたユカちゃんに、お母さんは「それこそ書くべきことだ」というメッセージを送ります。

　しかし、ユカちゃんはまだ心配げ。消しゴムでぐちゃぐちゃになるのがイヤなのです。黒く汚れたり、消しゴムでこすりすぎて破れたりした原稿用紙を嫌がる子はいますね。

　そこで、「追加」として書き足すことにしました。これはたしかに、作文として理想的な書き方とはいえません。しかし、この日の作文の体裁を完璧に整えることがそれほど重要でしょうか？　むしろ動物園での感動を、リアルに思い出してニッコリできるほうがずっと

すばらしいように思います。お母さんはそう思ったからこそ、浮かんだ思いをどんどん書き足していきなさい、とすすめたのです。

　ただし、もしユカちゃん自身が「やっぱり消して書き直す」と主張するなら、思いどおりにさせましょう。大事なのは子どもの意志を尊重し、子どもの発想を解放することです。

### 笑顔 のポイント

・子どもの書いたことを否定・批判しない
・子どもの一番感動したことに焦点を当て、考えたことを次々引き出す
・作文の出来・不出来より、心の中にある感動を引き出すことを優先する

### 対話 2-2

子：なんかたくさん書けたぞ。あ、「将来キリンを飼ってみたい、と思いました」も……。

母：すてき〜！　それも書こう。そんなこと考えてたんだ。飼えたらいいね。

子：（書きながら）いいねえ。

母：キリンって何食べるのかな。

子：高いところの葉っぱを食べるんだって。本当に食べてたよ。

母：いいじゃない！　どんどん出てくるねえ。

子：「……高いところの葉っぱを食べていました。キリンの目はかわいくて、まつ毛が多くて長くて、まるで、つけまつげみたいでした。」と……。

母：ユカちゃん、観察力あるねえ。

子：キリンのことばっかりだけどね。でもキリンがほんとに好きだ

から……。乗ってみたいな。動物園の中、歩いちゃったりね。えへへ、でもこれは恥ずかしいから書かない。

母：もったいない！　そういうのこそ、すてきなんだよ。日記ってね、夢や感じたことを書けば書くほど、すてきになるんだよ。

子：じゃあさ、キリンに乗って、ゾウさんに乗ってる子に手をふったりしたいな〜とか、どっちが高いかな〜とかも書いていいと思う？。

母：ユカちゃんは想像力が豊かだね。もちろん、そのまま書けばいいよ。

子：うん！（書く）「キリンに乗って、……どっちが高いかな、と思いました。」

母：ん〜すばらしい！　いいのが書けた！　先生、見てどう思うかな？

子：「キリン好きなんだな〜」って。あ、それから「つけたしが多いな〜」って。

母：アハハ。いいじゃない。そうだ、キリンがまつ毛長いって先生知ってるかな？

子：どうだろう。知らないかも。

母：じゃ、きっと「そうなのか！　ユカちゃんよく見てるなあ！」って思うだろうね。

子：えへへ（照れ笑い）。

母：ねえ、今度宿題で作文書くとき、よかったらママに相談してみて。

子：ママが考えてくれるの？

母：ううん、考えるのも、書くのもユカちゃんよ。ママは、どんなこと書こうと思ってるかを聞くだけ。誰かに話したら、書きたいことが整理できるじゃない？　そしたら、今度はつけたし

じゃなくて、もっとかっこいい作文になるよ。

子：ホントだね。うん、そうする。

母：今日はよく頑張ったね。見せてくれてありがとう！

**解説** 2-2　想像や希望も書き出させる

　キリンについて思う存分書けばいい、とわかって勢いのついたユカちゃんの発想は膨らみます。「キリンを飼いたい」「キリンに乗ってみたい」「ゾウさんに乗った子に手を振ったり」……など、さまざまな想像や希望が飛び出します。ユカちゃんが豊かなイマジネーションの持ち主であることがわかる場面ですね。

　「こんなこと書いたら恥ずかしい」とためらうユカちゃんに、「そういうことを書けば書くほどすてきなんだよ」とお母さんは言います。いわば、「思ったことは自由に表現していいんだ」というメッセージ。今後の人生でユカちゃんが「自分を表現したい」と思ったとき、この言葉は強い支えとなるでしょう。

　次に、「先生どう思うかな？」「先生知ってるかな？」と質問するのもポイント。この作文を通して先生に何かが伝わるのだ、という「意義・意味」が伝わります。成功のイメージが描けるのも、喜びのモトになります。

　さて、「次はママに相談して」と言ったのは、今回はできなかった「構成」面での指導を、次回はきちんと成功させよう、という思いから。

　ただし、ママは「検閲」をする役目ではありません。漢字や送り仮名の間違い、稚拙な表現があったとしても、それをしつこく細かく指摘し、訂正したら、作文の喜びが失われてしまいます。「作文を好きになること」の方が、目先の正しい表記を徹底することよりもはるかに重要です。多少の難点に目をつぶること、大目に見るこ

とも親の大切な役割なのです。

そして、「書くのはあくまでも本人だ」ということは、忘れずに伝えましょう。当然のことですが、子どもが口にした以外のことを書かせてはいけません。「ママが言ったセリフ」を書かせるのでは意味がないので、要注意です。

ちなみに、ユカちゃんはあと一、二度サポートすれば、そのうち一人で書けるようになりそうです。「自由に書いていいんだ」という認識がしっかり根付いたら、そこからは自然に、自分なりの書き方を見つけ出していくでしょう。

そして、作文はたくさん書けば書くほど、誤字脱字や表記の乱れなどは自然に修正されていくものです。「好きこそものの上手なれ」が昔も今も、上達の王道です。

### 笑顔 のポイント

- **自由に書けば書くほど、表現はすばらしいものになる、ということを伝える**
- **「これを見た先生がどう思うかな？」と訊いて、成功のイメージをもたせる**

第4章♥子どもの夢・未来につながる笑顔のコーチング

### • ケース3 •

# 先生に怒られて落ち込んでいる小1の息子

　小学校に入ると、幼稚園時代よりはるかに「ルールを守る」ことが重視されます。授業中は静かに、廊下は走らない……など。でもときどき、まだ幼稚園気分が抜けず、そのルールに従えない子どももいます。

　サトシくんは、小学校に入学したばかり。つい授業中にはしゃいでしまって先生に怒られ、すっかりしょげて帰ってきました。お母さんはここで「ダメじゃない！」と叱るべき……でないのはもう、おわかりですね。では、サトシ君にきちんと反省をさせ、同時にションボリから立ち直らせるには、何が必要でしょうか？

## 対話 3-1

母：おかえり〜。あれ、どうしたの？　なんかションボリしてるみ
　　たい。

子：……。先生に怒られたの……。

母：ありゃりゃ。何して怒られた？　聞かせてくれる？

子：怒んない？

母：大丈夫、怒んないよ。言ってごらん。

子：「静かにしろ！」て怒鳴られちゃった。

母：そうか、怒鳴られちゃったんだ。それって教室でのこと？　休
　　み時間？

子：ううん、国語の時間。

母：へ〜、国語か。今国語で何やってるの？

子：ひらがなの練習してる。

第4章♥子どもの夢・未来につながる笑顔のコーチング　93

母：今日は何の字をやってたの？

子：「ひ」。

母：「ひ」か（笑）。こうやって書くよ～って、先生、黒板に書いてたんだ。

子：うん。

母：それ見てサトシくんなんか考えた？　思っちゃった？　おもしろいな～とか。

子：ひろしくんの「ひ」だ～、って。

母：ひろしくん？　お隣の席の？

子：うん。で、「ひろしのひ～、ひひひのひ～」って……。

母：歌っちゃったか（笑）。ひろしくんも歌った？

子：うん、でもぼくだけ怒られたの。

母：あ～そうか……。先生、そのとききっとサトシくんのこと見ててくれたんだね。

子：そうだけどさ。

母：ちょうど、サトシくんを見てたんだね。いつも先生と仲よしだもんね。

子：うん、でも、怒ったら怖かったよ。

母：怖かったんだ。で、ひろしくん以外のお友だちはどうだった？　静かにしてた？

子：してた……。でもさあ、でもさ、「ひろしのひ」がおもしろかったからさあ……。

母：たしかに、おもしろいよねえ……。

### 解説 3-1　怒らずに、まず状況をつかむ

　ケース 2 のユカちゃんもそうでしたが、子どもはしばしば「怒らない？」とよく聞いてきます。（ということは、怒られるような

ことをしたのね）と薄々わかるところですが、ここで「怒らないよ」と確約することはとても大切です。そしてその約束を守ることはさらに大事。すでに学校で叱られたのだから、これ以上はもう必要ない、と心に決めてください。

　今必要なのは、状況を把握すること。とはいえ、ションボリしている子の口は重いものです。こんなときに「だから〜、何して怒られたのよ？」と同じ問いを続けると、詰問になってしまいます。「休み時間のこと？」「国語で今何やってるの？」など、さりげなく周辺の情報を問うことからはじめましょう。

　そのうち、原因が見えてきます。たしかに、怒られても仕方がない状況だったということもお母さんにはわかってきます。

　サトシくんは、「ぼくだけ怒られたの」とつぶやきますが、その言葉に「ホントね！　うちの子だけ怒るなんてひどいわ！」などと言うお母さんは、モンスター・ペアレントの卵になっていますので要注意。情報はサトシくんからしか聴いていないのですから、性急に判断してはいけません。

　さて神妙にはしているものの、どこか納得いかない顔のサトシくん。「でもさ、おもしろかったからさあ……」という言葉の中に、言い訳めいた響きがありますね。そこでお母さんはひとまず「おもしろいよねえ」と共感しながら、叱らずに「反省させる」方法を考えます。

　お母さんがとった行動は意外なものでした。では、続きを見てみましょう。

### 笑顔 のポイント

・怒らない、と確約する
・詰問せず、周辺の情報から聞き出していく

## 対話 3-2

母：ねえサトシくん、ママと学校ゴッコしない？　サトシくんが先生で、ママが生徒。

子：ぼくが先生？　黒板に書いたりするの？

母：うん。先生が「ひ」を教えたときのこと覚えてる？　ちょっとやってごらんよ。

子：（先生の演技）「はい皆さ〜ん。『ひ』は……」

母：「♪ひろしのひ〜、ひひひのひ〜！　ひろしのひ〜、ひひひのひ〜!!」（と、騒ぎ続ける）

子：「『ひ』は……えと、えーと、『ひ』……あ〜もう、静かにしろ〜!!」

母：……って、思った？

子：うん、思った。

母：先生の気持ち、わかったかな？

子：うん、ちゃんと聞いてほしい、って。

母：偉い！　じゃ、これからふざけたくなったら、どうしたらいいかな？

子：休み時間にする。

母：いいねえ。先生もおもしろくて一緒にやってくれるかもよ。

子：でも先生、怒っちゃったから、明日も怒ってるかも。怖いな。

母：大丈夫！　一晩寝たらもう怒ってないよ。

子：ぜったい？

母：絶対。先生おはようございます、って言ったら、おはよ〜！　って笑ってくれるよ。

子：うふふ。うん。

母：じゃ、おやつ食べようか。シュークリーム買ってあるよ。

子：わーい！　ひひひのひー。

## 解説 3-2　他者の気持ちを理解させる「ロールプレイ」

　きちんと自分の行動を振り返らせ、反省させるには「そのときの先生の気持ち」を理解させること。そのためにお母さんは「学校ゴッコ」をはじめよう、と言い出します。

　これは「ロールプレイ」といって、寸劇のようにほかの人の役割でセリフを言わせながら、他者の気持ちを実感させていく方法です。

　お母さんがサトシくんの役になって「♪ひろしのひ～」を歌う姿はユーモラスですね。ここは、わざと大騒ぎするのがコツ。うるさければうるさいほど、サトシくんは「静かにしろ！」と言いたくなり、同時に、今日自分が叱られた理由にも気づけますね。決して責めず、むしろ笑える方法をとりながら、お母さんはサトシくんの視点を変え、彼が自然と反省する姿勢になることをサポートしています。

　さらに大事なのは、「じゃ、これからどうする？」を考えること。「『♪ひろしのひ～』は明日からは休み時間に歌う」という解決策で、一件落着です。「明日は先生、おはよ～！　って笑ってくれるよ」も、子どもに明るいイメージを描かせる、よいメッセージです。

　そして最後に、「シュークリーム」で締めていますが、これは気分転換の役割を果たします。ショボリはもうおしまい、というわけです。「場所を変える」「音楽をかける」などもよい気分転換方法なので、ぜひ活用しましょう。

## 笑顔 のポイント

- ・ロールプレイで他者の気持ちを想像させる
- ・解決策を一緒に考える
- ・「明日」の明るいイメージを描かせる
- ・最後は楽しい気分転換で終わる

第4章♥子どもの夢・未来につながる笑顔のコーチング

• ケース4 •
# 反抗的な中2の娘

　マナミは私立の女子校に通う中学2年生。最近の彼女は両親と目を合わせません。話しかけてもろくに返事もしません。彼女がどんなことを考えて毎日生きているのか、まったく見えないお母さん。少なくとも、彼女が「何の悩みもなくハッピー！」でないことだけはわかります。そんなマナミと、対話の糸口だけでも見つけたい、と考えるのですが……。

**対話** 4-1

母：今日、学校どうだった？

子：別に。

母：別に、か。今日は何時間目まであったんだっけ？

子：6時間。

母：6時間か、そうか。……イケてる先生とかいる？

子：いるわけないじゃん。

母：私のときにはさ〜、英語でハンサムな先生いたんだよね。当てられたらドキドキしたりしてたんだけど、あんたのとこはいないの？

子：ありえない。ババアばっかり。

母：ババアか。どんなババアがいるの？　妖怪なんとかみたいな？

子：ああ、妖怪もいるね。

母：ふふ、名前つけたりしてるの？

子：……ジャミばあってのがいる（ニヤリ）。

母：ジャミばあ!?　あはは。何の先生？

98

子：（真顔に戻る）国語。

母：三味線みたいにやかましい先生が、国語教えてるんだ？

子：ふん、終わってんね、あいつは。死んだほうがいいよ。みんな
　　言ってる。

母：その先生の授業、難しいの？

子：つーか、わけわかんない。変な授業。何言ってっかわかんね。

母：どんな先生か見てみたいなあ、ジャミばあ……いろいろ想像し
　　ちゃったよ。その先生の授業って、みんなどうしてるの？

子：寝てるのもいるし……なんかやってたり、マンガ読んでたり。

母：どんなマンガ読んでるの？

子：私は読んでないよ。妄想してるだけ。

母：妄想してるんだ？　何を妄想してるの？

子：いろいろ。言わない。

母：ママにならいいじゃない。ママが変身してジャミばあになって
　　るとか？

子：（笑）あっはは。それはいいかもな。

母：ねえ、妄想の中身教えてよ。

子：教えられない、誰にも言えないよ、これは。

## 解説 4-1　反抗期は「自我確立期」

　この対話は、親子が一番険悪となる時期をとりあげたもの。笑顔
とはもっとも遠い対話のように見えます。マナミはところどころで
ニヤッと笑いますが、それはかなりシニカルな笑い。ここでは、笑
顔がどうこうではなく、まず「正面切って向き合う」ことからはじ
めてください。それが結局のところは近道となります。

　また、文字にあらわすと会話はなめらかに進んでいるように見え
ますが、実際にはセリフとセリフの間には、長い沈黙がある、と思っ

第4章♥子どもの夢・未来につながる笑顔のコーチング　　99

てください。

　沈黙の重さは、母親にとっては、いたたまれないものです。しかし、こうした沈黙の重さを共有することが不可欠。一緒にどんよりを味わおう、という気持ちが大切です。

　マナミはいわゆる「反抗期」、正確にいうと「自我確立期」にいます。つまり、親離れのはじまる時期なのです。この年頃の子どもは大人に嫌悪感を覚えるもの。親の言うことには逆らうか、無視を決め込むのが基本です。それを「反抗期ってかわいくないわ」と思うのはナンセンス。ましてや、「前はかわいかったのに」「こんなふうに育てた覚えないわ」「こんな子生むんじゃなかったわ」などと言うのは論外です。

　ここは、「自我が確立してるぞ、してるぞ」と思うのが正解。そう思うと、かわいげのない態度もほほえましく見えてきますね。

　さて、マナミは国語教師「ジャミばあ」に関してひどい物言いをしています。それ自体は決してほめられたことではありませんが、ここではいちいち「先生のことをそんなふうに言うなんて」と怒る必要はありません。お母さん自身も、10 代のころは先生に妙なあだ名をつけて悪口に花を咲かせていたに違いないのです。言葉づかいも悪かったことでしょう。そして、それが「失礼な態度だ」ということも本当はきちんとわかっていたはずです。

　お母さんはいちいち叱りはしません。かといって同調もしません。マナミがジャミばあを「あいつ」と呼んでも、お母さんは「その先生が」「その先生の授業って」と、良識にのっとった言い方をしています。

　さて、やっとそれなりにまともな返事が返ってきたと思うと、マナミが「妄想」というひとことを言います。これこそ、彼女がモヤモヤと抱えているものの核心だ、とお母さんは考えるのです。

## 笑顔 のポイント

- 「笑顔にしよう」より「向き合おう」と思うのが結局は近道
- 失礼な態度をいちいち怒らない
- 自分もこの年頃はこうだった、と思いだしながら話す

## 対話 4-2

母：水臭いなあ。教えてくれたっていいのにさ。

子：……ゴチャゴチャ言われるのウザイし。教えたら絶対言うし。

母：言わない、言わない。

子：どーだか。

母：マナミが妄想するのはママゆずりかもね。ママも、パパと結婚してなかったら、どうなってたかな、なんてときどき考えたりするよ。

子：へえ、そう。

母：そうなのよ。女どうしの秘密ってことで、マナミの妄想も教えてよ。

子：じゃあ……言っとくけどただの妄想だからね？……「死んだらどうなるだろう」って。

母：……。

子：死ぬって興味あるよ。

母：ふーん……。

子：あ、ショック？

母：いやあ、マナミが死んだって想像したら、悲しくなったわ。

子：聞くなって言ったのに聞くからだよ。だから妄想だって言ってんじゃん。

母：うん、そうだよね。ところでさ、死ぬこととか考えたのって、きっ

かけはあるの？

子：別に。

母：死んだあとの世界とか、考えるの？

子：つか、生きててもしょうがないじゃん、って思うんだよね。

母：そうなんだ。

子：死んだら、いなくなるわけじゃん。一生懸命生きても、どうせ
　　死ぬじゃん。エネルギーのムダじゃん。そう思わない？

母：うーん。ママも高校のころ、そんなこと考えたような……。で
　　も生きてるなあ。

子：へー、そうなんだ。ふーん。

母：そうだわね〜。思い出した、私も考えてたわ。なんで生きてる
　　のかなって。

子：で、なんでだかわかったの？

母：はっきり答えが出たわけじゃないわね。でも、そのとき死なず
　　に、ここまで生きてきてよかった！　っていうのは、たしかね。
　　うん、ムダではなかったな。パパに会えて、マナミを産んで
　　……なんと言ってもマナミのことがかわいいしさ。

子：（ニヤリ）じゃ私のおかげじゃん。よかったじゃん。

母：本当だよー。生きててよかったよ。マナミにありがとうだよ。

子：ふーん（ニヤニヤ）。

**解説** 4-2：子どもが死を思うとき

　「妄想」の中身について、マナミはそう簡単に言おうとはしませ
んでした。

　そもそも、妄想・空想は非常にプライベートなもの。人に開示す
るのを、誰しもためらいます。ましてマナミの場合は内容が「死に
ついて」ですからなおさらです。

死について考えているなんて言ったら、親はさぞかし驚愕するだ
ろう。泣くかもしれない。それも（マナミ流に言うと）ウザイ。で
も、黙っているのもスッキリしない。彼女の心は揺れています。
10代の青少年が死を語る。それは「私って何？」という叫びです。
これは、大人であっても答えられない難問です。

　こういう場面ではつい「ダメよ、死ぬなんて」と言いがちですが、
それは禁物。子どもの言葉を否定しない、というコーチングの鉄則
は、ここでも生きています。

　むしろ、母親のここでの対応のように、落ち着いた口調で「ショッ
クだわ」「あなたが死んだら悲しい」と伝えたほうが効果的。

　このように自分の気持ちを、自分を主語にして伝えるのを「Iメッ
セージ」と呼びます。他方、「あなたはこうしてはいけない」「何で
そんなことを考えるの？」と相手を主語にして伝えるのを「You
メッセージ」と呼びます。誰かから「こうせい、ああせい」と「You
メッセージ」で命じられると、反発心が湧き上がってくることが増
えます。

　母親が正直な気持ちを「Iメッセージ」で伝えると、それは誰も
決して否定できないことなので、娘の心に響きやすくなるのです。

　また、娘と同じ時期の自分を思い出すことも大切。「自分が死を
考えたとき」「そのとき自分が思ったこと」などを伝えます。そし
て次は今の自分に照準を合わせ、「今なぜ生きているのか」「なぜ生
きようと思ったのか」を話します。

　これは、「生きる意味を教えよう」ということとは少し違います。
なぜなら、教えられるような「絶対的な正解」など、まずないから
です。目上の立場から教えるのではなく、対等な人間どうしとして、
「私はこうだったよ、生きることにこんな意味を見出したよ」とい
う経験を惜しまず提供するのです。そこから先はマナミ自身が考え、

マナミなりの答えを出すしかありません。

　子どもとの対話は、ときおりこうした「真剣勝負」をも伴うものです。親がどれだけしっかり人生を生きてきたかを試されている瞬間でもあります。

　この対話の最後に、マナミは笑顔を見せています。かわいい笑顔とは言いがたいニヤニヤ笑いですが、これは「愛されている」という認識のあらわれです。このあともきっと彼女は「かわいくない娘」を続けると思われますが、この対話が、親子のひとつの「絆」となったことは確実です。

### 笑顔 のポイント

- たとえ「死」を語っても否定しない
- 「あなたが死ぬと悲しい」と伝えるのは OK
- 「教える」のではなく「自分の思いを開示する」真剣勝負の気持ちで
- 「You メッセージ」ではなく、「Ｉメッセージ」で自分の気持ちを率直に伝える

第4章♥子どもの夢・未来につながる笑顔のコーチング

**• ケース5 •**

# 容姿を気にする高2の息子

　タケルは高校2年生。最近、周囲より少し遅れて「オシャレ欲」が出てきたらしいのですが、同時に「自分の容姿はイマイチ」という悩みを抱きはじめた様子。お母さんは近所でも「美人の奥様」で通っているのですが、お父さんはメタボ街道まっしぐら。そしてタケルは、いずれかといえばお父さん似。それも彼の悩みです。

　タケルは本来明るいタイプなので、お母さんもそれほどは心配していませんでした。しかしある日、彼のほうから相談をもちかけてきて……。

## 対話 5-1

子：母さん、俺ってやっぱイケてないよなあ。

母：なんで？　そんなことないよ、タケルはかっこいいよ～。

子：あのね。そこは本音できてくださいよ。親の欲目も抜きでお願いしますよ。

母：なによ（笑）。なんかあった？

子：いや別にたいしたことじゃないけどね。今日、キクチと電車に乗ってたら、向かいの席の女子高生がキクチばっかり見るわけよ。カッコイーとかささやきあいながらさ。で、俺のことはまったく見ないんだな。

母：うそ～。そんなの誤解でしょ。

子：いいや、間違いないね。

母：しかしあれだね、タケルもそういうこと意識するようになったんだね。うれしいなあ。

子：はん、のんきでいいな。あー、俺ってなんで親父に似てしまっ
　　たかなあ。

母：残念で〜した♪（笑）

子：ぷっ（噴き出す）。

母：でもね、お父さんって昔、かっこよかったのよ。

子：ほんとかよ。俺も中年になったらオヤジみたいになるのかって
　　かなりブルーなんだけど。

母：大丈夫よ、人間はみんな、なりたいようになれるんだから。

子：ま〜た、キレイごと言っちゃって。

**解説** 5-1　気心の知れた親子ならではの掛け合いを楽しもう

　高校2年、そろそろ青年期。難しい間柄の時期も終わったのか、タケルとお母さんは良好な関係を築いているようです。

　基本的な信頼関係ができている親子の場合、「コーチングの鉄則」を意識しすぎなくても大丈夫、という面があります。たとえば「相手の言葉を否定しない」という決まりにこだわらず、「うそ、そんなの誤解でしょ」などと言っても大丈夫です。掛け合いを楽しむような感覚で話すのが、この親子ならではの会話といえるでしょう。

　「なんで親父に似てしまったかなあ」「残念で〜した♪」というやりとりはその代表例といえます。身もふたもない言い草ですが、それがむしろ救いになるのです。バッサリ切り落とすかのような表現は、「本人」と「悩み」を切り離す役割をも果たしています。「クヨクヨしても仕方ないよ」というメッセージが、爽快にストンと入ってくる感じですね。

　通常のコーチングなら「そうか、つらいね」と共感し、気持ちによりそう、という方法をとるべき場面。ここでこんな「掟破り」ができるのは、この親子ならではの「あ・うん」の呼吸や、信頼感・

安心感があってこそです。

## 笑顔 のポイント

- 親子のキャラによっては「掛け合いふうの会話」が笑顔に結びつく
- その場合、「否定」ふうのあいづちを少し入れても OK
- きつめのギャグがかえって救いになることもあり

## 対話 5-2

母：じゃあさ、タケルはどんなふうになりたいの？　言ってごらん？

子：そうだなあ、背がほしいよなあ……いや、とりあえず痩せるか……。

母：そうだ、今、流行りのエクササイズ一緒にやってみる？　DVD買ったんだけど、一瞬で脱落して、たしか、ソファの裏に落っことしたまま……（ゴソゴソ）。

子：いらねえよ。ねえ、普通世間の母親って「勉強しろ」とかいうのに、おかしくない？

母：おかしいね。いやでもまあ、すてきになるならやってみるもよし、大学行きたかったら勉強するもよし。そこは自分で決めたらいいよ。

子：大学かあ。それも憂鬱なんだよな。入れるかなあ。

母：入ろうと思えば入れる。大丈夫。

子：イケてない俺は、大学もうまくいかないんじゃないかな〜なんて思ったりするわけよ。キクチなんか、チャラチャラしてるくせに勉強はできるんだよ。かわいくねえよ。

母：いるねえ、遊んでても勉強できる子って。

子：世の中不公平だよな。

母：そういうこともあるねえ。けどさ、自分は自分で頑張ればいいよ。

子：俺は俺、ね。あーそれにしても。電車の子たち、みんなかわいかっただけになあ。

母：あはは。要はそこか。結局、単なるやきもち？

子：ギク。そう、かも。

母：かわいい子はほかにも一杯いるから大丈夫だよ。それに、大学生になったらタケルは絶対イイ男になるよ。今悩んでることが、肥やしになるのよ。

子：そうなのかね？

母：決まってるじゃない。それに、自分をちゃんと見ているところもすばらしいよ、何も考えてないコだっていっぱいいるのにさ。

子：まあね。たしかにそりゃそうだな。

母：お父さんに似てるんだから、きっと母さんみたいなかわいいお嫁さん、もらえるよ。

子：はいはい。それが唯一の希望ってことで（笑）。

### 解説 5-2　ふざけたやりとりのなかに、教訓をちりばめる

　お母さんはさらに、「では、どうなりたいのか？」と問いかけます。というのは、タケルが落ち込んでいる理由は「友人のキクチくんとの比較」にあるから、とわかっているからです。

　他者との比較は、その人らしさや自己肯定感を下げてしまうもの。このフィルターをはずすため、「あなたはあなたである」というメッセージを送っています。

　ここで気をつけたいのは、「でもあの子性格悪いじゃない」「そんな子よりタケルのほうがすてきよ」などと言わないこと。あくまでタケル自身の独自の価値を見出せるよう、道筋をつくることが重要

です。

　また、彼は「世の中不公平だよな」と、漠然とした世間一般への怒りを口にしています。そのとき、「そんなことないよ」と言わないことも大切。なぜなら、実際に世の中には不公平がたくさん存在するからです。むしろ、その不公平を今味わっておくことが財産になります。このとき、「それを今勉強できていいじゃん」といったフォローを入れるとなおよいでしょう。

　その視点は、さらに「今の悩みがのちの肥やしになる」という指摘につながります。実際、コンプレックスや嫉妬に悩んだ経験というものは、人を磨くものです。残念なことに、今の世の中ではそうした嫉妬につぶされてしまう子どもが多いのですが、「嫉妬やコンプレックスも成長のモト」と伝え、「お母さんはあなたの中の可能性を信じている」というメッセージを送ると、子どもは実際に乗り越えていくことができるのです。

　このような教訓をさりげなく伝えつつ、お母さんの「おふざけ」は最後まで健在。「母さんみたいなかわいいお嫁さん、もらえるよ」というセリフは、お母さんの冗談まじりの自己肯定感をあらわしています。こうした母親の明るいエネルギーは、タケルの自己肯定をも後押しするものとなるのです。

## 笑顔 のポイント

- ・他者との比較モードから、「自分自身がどうなりたいのか」に目を向けさせる
- ・悩みも嫉妬も、のちの財産・肥やしになる、と伝える
- ・母親自身の自己肯定感で、息子の自己肯定感を意識させる

第４章♥子どもの夢・未来につながる笑顔のコーチング

● ケース６ ●
# 待ち合わせ時刻に遅れた男の子

駅の改札で待っているお母さん。きょろきょろ視線が落ち着かず、いらいらした表情。小学校５年生くらいの男の子がやってくるやいなや、感情が爆発しました。

「いったい何時だと思ってるの？まったく何やってたの？もう、こんな時間じゃないの。学校４時に終わって、こんなに待たせて。お弁当買ったってもう食べてる時間ないじゃない。無駄になっちゃったじゃないの。塾にいくらかかってると思うの。３万円もかかってるのよ。もう、ぜったいお弁当なんか買わないから。ねえ、わかってるの？」

うつむき、黙りこくる男の子。改札周辺の人も、気にはなるけれど、じろじろ見るわけにはいかず、気まずい雰囲気が漂っていました。

## 解説 6-1　感情モニタリング

このときの、お母さんの気持ちもよくわかります。約束した時間に息子が着かなければ何か起こったのではないか、と心配になるのは当然です。

本当は「心配していたのよ」という声をかけたかったのでしょう。しかし、待ち時間が長くなるにつれて、だんだんいらいらしてくる。次第に腹立たしい気持ちになってきます。そして、息子の顔を見た瞬間、堰を切ったように、感情が一気に噴出してしまいました。

怒りは二次的な感情と言われています。頭はカッカしていたようですが、お母さんの心の中には一次的な感情があったはず。それは

110

「息子を心配する気持ち」であり、さらに言えば「大切なわが子を愛する気持ち」だったのではないでしょうか？

　怒りを感じたときに、「その怒りの感情に行動や言動をコントロールされてしまうのか」、それとも、「怒りの感情をコントロールする側にまわるのか」、紙一重なのですが、大きな違いを生みます。近年、「アンガーマネジメント」の重要性が叫ばれ、あちこちで講座が開催されていますが、ここでは１つだけヒントをご紹介しましょう。

　私（本間）は、その方法を「リカバリーショット」と呼んでいます。つい、怒ってしまったときに、議会の議事録のように自分の発言を取り消すことはできません。

　「何回、言ったらわかるの？」などと詰問調になってしまうこともありますよね。そんなとき、自分自身の感情を第三者的に俯瞰し、認識して、言語化してみましょう。つまり

　「何回、言ったらわかるの、っていう気持ちに今、なったわよ」という具合です。

　「まったくもう、あなたって子は、と今、感じちゃった」

　感情的になり取り乱している人は、自分の感情がモニタリングできていない場合が多いですね。

　「部長、そんなに怒らなくてもいいじゃないですか」

　「うるさい！俺は怒ってなんかいない！」

　みたいなやりとりって、ときどき、ありますよね。

　自分の感情がイライラしている、波立っていると感じたら、まずは、ゆっくり深く息を吐くこと。そして、「ああ、今、私はイライラしているわ」と小さな声でそっと言葉に出してみましょう（大声を出すのはオススメしません）。

　これだけで、ずいぶん気持ちが落ち着くものです。自分の感情に気づくこと、つまり、「感情モニタリング」がよりよいコミュニケー

ションの鍵なのです。DV（ドメスティック・バイオレンス）など
の悲しい報道に接するたびに、こうしたスキルを多くの人に知って
いただきたいと感じずにはいられません。

## 解説 6-2　行動変容を実現する

　このケースで、本来、望ましかったのは、「息子が約束した時間
までに到着する」というものでした。この状態を実現するためには
どうしたらよいのでしょうか？　駅の改札で待っている時点では、
すでに手遅れ。時を遡ることはできませんから。できるのは、次回
以降、同じような事態を招かないようにすることですね。

　「あなた、今、何時かわかってる？」（できる限り落ち着いた口調
で。）

　「お母さん、あなたをずっと待ってて、とっても心配したのよ」（Ｉ
メッセージで自分の気持ちを伝える。）

　「どうして遅くなったのか、教えてくれる？」（原因の探究を命令
ではなく、依頼する。）

　「じゃあ、来週はどうしたらいいかしら？　お母さんも、また、ずっ
と待たされるのは辛いから」（望ましい行動を質問で引き出す。そ
の理由も端的に伝える。）


　こうした冷静な会話によって、たとえば、次の週に、約束の時刻
に息子が間に合ったとしましょう。ここが大切。

　「今週は遅刻しなかったわね。また、待たされるかと思ってドキ
ドキしていたわ」と言われたら、息子は自分があまり信頼されてい
ない、と感じるでしょう。そうすると、その翌週は、また遅れてき
たりするのです。「信用されていない息子」という役割期待をしっ
かり演じてしまうのですね。皮肉を口にするのは、前週の被害者意

識を引きずってしまっている証しです。

　こういう場合、信頼をベースにしたコミュニケーションをとるのが肝心です。

　「ありがとう。正確に来てくれてうれしいわ。来週もよろしくね！」

　というように、望ましい行動のパターンが継続するイメージを共有することが大切です。

×「できていないときに責める。できたときは、当然だと思って無視する」

○「できたときに認めてほめる。できていないときは例外扱いして、できるようにサポートする」

　こうした親の関わり方の違いが、お子さんの自己肯定感や生活習慣に大きな影響を与えるのです。本書をお読みの方の中には、このケースのように激昂する方は少ないと推測しますが、ぜひ、ポジティブなエネルギーが伝わるアプローチを心がけてください！

第 **5** 章

# 子どもの笑顔を引き出すための コーチングスキル

### ❶ 笑顔のコーチングの実践に向けて

### ❷ 笑顔のコーチング、12 の実践スキル

　ここまで、コーチングの基礎知識と、それを活かした実例を通して、「笑顔を引き出すコツ」についての理解を深めていただけたことと思います。この章では、さらに細かいテクニックをご紹介しましょう。
　心構えや方法については理解しているつもりでも、実際に子どもと向き合うと、思いどおりに進まないことがあります。予測しなかった方向に話が流れて混乱することもあるでしょう。「こんな場合はどうする？」「まだこの部分がうまくできない」「私はこれが苦手かも」と思われるような弱点も、それぞれあることでしょう。
　今、苦手に感じるのは、まだ練習不足、経験不足だということ。本書に書かれているスキルを繰り返し実践して場数を踏めば、必ず上達します。
　コーチングをする前に、コーチングの最中に、ふと迷ったときの指針として役立ててください。

第5章♥子どもの笑顔を引き出すためのコーチングスキル

# ❶笑顔のコーチングの実践に向けて

## 🌱 ヒント 59 笑顔のコーチング・5つの法則

「愛する」「認める」「聴く」「信じる」という基本姿勢は、もうおなじみですね。この心構えがあれば、基本は万全です。あとは、せっかくもっているこの気持ちを、コーチングの中でしっかり子どもに伝えていくことが必要です。

とはいっても、「愛しているわよ」「認めているわよ」とそのまま口にするということではありません。コーチング中の態度、行動できちんとあらわしてこそ、きちんと伝わるものです。そこで、気持ちを伝えるにはどんな態度・行動で臨むべきかを解説しましょう。

そのポイントは5つ。頭文字を組み合わせると「SMILE（笑う、笑顔になる）」という言葉になります。語呂合わせとして覚えておくと便利ですね。

どんな言葉を言うか、どんな表情でいるか。そのときどきの判断に活用してください。

### ❶ S（simple）：素直に、簡単に

親の側からは難しい言葉や、長々としたセンテンスを言わないこと。素直で簡単な表現を選ぶようにしましょう。逆に、相手の話は長くなっても、じっくり耳を傾けること。「それはどうしてかな？」「なるほど、それで？」など、あいづちや質問もわかりやすい言葉で行いましょう。

116

## ❷ M（mutual）：「お互いさま」の気持ちで

「自分だけが頑張って問いかけている、子どもは答えるだけだから楽でいいな」とは思わないでください。あなたからの質問によって、子どもは知恵をしぼり、深く考えるという「大仕事」をしています。あなたに伝えるために自分の心をのぞき込んでくれています。コーチングは共同作業だ、ということを常に思い出すこと。あわせて、「一緒に考えようか」「一緒にやってみよう」という言葉も、ふんだんに発することをおすすめします。

## ❸ I（initiate）：こちらから

語りかけるのは常に「こちらから」。どちらかが質問を発しなければコーチングははじまりません。会話中も、「うんうん、と聴いていればきっと何かわかってくるわ」ではなく、こまめに質問を挟むことを忘れずに。「どんなふうに質問すれば答えやすいだろう？」「今、どう答えようか迷っているのかな」などと考えて、タイミングよく質問を挟みましょう。子どもの言葉や、何気ないしぐさの奥にあるメッセージは何か。好奇心をそこに向けると、訊きたいことが自ずと出てきます。

ただし、相手が流れに乗ってどんどん語り出しているときは、必要な質問以外はさし挟まないように気をつけて。「ああ、なるほど」「そうか、うんうん」など、相手のリズムに合わせたあいづちを入れるにとどめましょう。

## ❹ L（lucky）：ポジティブに

笑顔を目指すからには、ものごとのよい側面に光を当てなくてはなりません。前章のケースからもわかるとおり、実際のコーチング

中には子どもの悩みや迷いや、ネガティブな考え方に接することがたびたびあります。大事なのは、その気持ちを否定するのではなく、同じ事柄の「よい部分」に気づかせること。つまりは「不幸中の幸い」に気づかせるのです。

「悪いことばっかり？　いいことはあった？」「痛い目に遭ったねえ、勉強になったね」「じゃ、これからどうしようか？」など、発想をポジティブに、未来志向に変えていく言葉を意識して取り込みましょう。

## ❺ E（enjoy）：楽しんで

対話自体を楽しむこと。子どもを笑顔にしなくっちゃ、と「頑張る」のではなく、ゲームのように、ときには漫才でもやっているような気分で楽しみましょう。子どもの受け答えが楽しいものであれば、顔や声に出して笑いましょう。すると、「あなたと話していると、私はこんなに楽しめるのよ」というメッセージが、子どもにしっかり伝わります。

### 🌱 ヒント60　「5ステップの法則」で笑顔のショートカットを

笑顔の習慣をつくっていても、ときおり「あ、笑顔を引き出せていないな、私も笑っていないな」というときがあるでしょう。そこで「いけない、頑張らなくては」など思うのは逆効果。笑顔が戻るどころか、疲労がたまってしまいます。

こんなとき、簡単に「笑顔サイクル」に戻れるコツを覚えておきましょう。

親子が笑顔の関係を築くには、5つのステップがあります。その条件を、「順番に」満たしていくことが不可欠です。

では、そのステップをそれぞれ説明しましょう。

**ステップ1** お母さんが笑顔になる

　イライラ、クヨクヨしているときは、「これじゃいけない」と思わず、まずそんな自分を認めましょう。無理に笑顔になろうとせずに、そういうときもあると、ありのままを受け入れ、気分転換を図るなど前向きな工夫を。そして、頑張っている自分をほめること。自分の状態に気づけることがすばらしいのですから……。

　第2章でご紹介した方法を活用して、まずは自分の笑顔を引き出しましょう。

**ステップ2** こちらから問いかける

　まずは、子どもにとって答えやすい質問からはじめましょう。あなたのほうから子どもの現状や思いを引き出すのです。「今日、何か楽しいことあった？」「今日、何食べたい？」「ねえ、その中で好きなキャラクターはどれなの」など。好きなことについて聞かれると子どもは笑顔になりやすいので、この段階でニッコリする子どもも多そうです。

**ステップ3** あいづちを多くする

　子どもから話しはじめたら、たくさんあいづちを打ってみましょう。頑張って「こちらから質問しなければ」と思い込むのではなく、意識して「うんうん」「なるほど」「ほう」「うわあ」など、たくさんのボキャブラリーを使い分けるのがコツ。すると自然に、ただあいづちを打つだけではつまらなく思えてきますね。「それで？」「えっ、どうしてまた!?」などと言いたくなってきます。こうなれば、次のステップに進む準備は万全です。

第5章♥子どもの笑顔を引き出すためのコーチングスキル　　119

### ステップ4 質問から質問へと進んでいく

さらに、「それってどういうこと？」「どうして？」と、さらに詳しく連鎖的に質問していきます。「色にたとえると？」「ボールで言うならどんな気分？」などのたとえ系クエスチョンも大いに役立ちそう。会話の「流れに乗る」感覚が生まれればしめたものです。

### ステップ5 質問を使って遊ぶ、未来につなげる

第3章で、「ボールにたとえた『気持ち』を投げ合ってみる、というテクニックをご紹介しました。ほかにも、イヤな気分のたとえにしたボールを、「じゃ、遠くにポイ！」と窓から投げる、すてきな経験のたとえにしたボールを「引き出しにしまっとこう」としまうフリをする、という方法も。これらは「コーチングから導き出された答えと、どう折り合っていくか」ということにつながります。最後はこのような「未来に向けた質問」で終わりましょう。

たとえ系クエスチョンの流れでないときは、「じゃあ、明日はどうしよっか」「こんどからはどうしようと思う？」「新しい目標ができたかな？」などが、未来へとつながりやすい質問です。

このステップは、笑顔のコーチングを可能にする「最短距離」です。正しい順番をたどって、無理せず、頑張らず、笑顔のショートカットをつくっていきましょう。

第5章♥子どもの笑顔を引き出すためのコーチングスキル

## ❷笑顔のコーチング、12の実践スキル

　ここからは、実際の場面で有効に使える、細かな行動指針です。

　だいたいのやり方は把握できたけれど、いざ実践するとなると「こんなことはしてもいいのか」「これはまずいのではないか」「きちんとしたやり方があるのではないか」……などなど、細かい疑問が出てきて動けなくなったりすることがありますね。

　そうした疑問を、一つひとつ消しておきましょう。

### 🌱 ヒント61　自分の言いやすい言葉で語ろう

　これまでのテクニックの説明や実例を読んで、「うちはこんな言葉づかいはしない」「こんな口調で話したら子どもは驚いて、かえって話さなくなるかも」という感想を抱いた方々へ。

　それでいいのです。まるで台本を読むかのようにこの本に出てきた表現を真似しても、子どもに薄気味悪がられるだけ。ふだん使っているボキャブラリーで、同じ意味のことを問いかければいいのです。方言だろうが、スラングだろうがかまいません。一番話しやすい方法を選んでください。

　また、こういうケースもあります。「『否定してはダメ』『子どもを受け入れよう』というけれど、ウチの会話は基本的にワイルドなので……」

子「う～、寒～」
母「根性たりないんじゃないの」

第5章♥子どもの笑顔を引き出すためのコーチングスキル　　121

子「ただいま〜」
母「なに、うっとうしいなあ。しけた顔してさー」

　といった調子の会話が基本である場合、それを根本的に直したほうがいいのかというと、これまた一概には言えません。こういう言い方をしつつ、非常に子どもを信頼している親もいるからです。口で「うっとうしいなあ、しけた顔して」と言っていても、言葉の真の意味は「元気ないね、心配。どうしたの」であるかもしれないからです。

　自分の言い方でいいのかどうか判断に迷ったら、子どもがどう受け取っているかを観察すること。もし子どもが傷ついた様子を見せていたら、表現の見直しをはかることが大切です。

　逆に、あなた自身に、本当に「否定しない気持ち」「受け入れる気持ち」があり、子どももそれをわかっていると確認できるなら、表現はあえて変えず、「ほかの言い方も取り入れてみる」程度にとどめてよいでしょう。

## 🌱 ヒント62 ネガティブな言葉は繰り返さない

　「あいづち・うなずき・繰り返し」は、何度も実践して体に覚えさせることが必要。慣れてくると、自然に子どもの反応がよくなってくるので、試していても楽しいスキルです。

　その中でひとつだけ意識しておいていただきたいのは「否定的な言葉は『繰り返し』を避けたほうがよい」、ということです。

子：「お母さん、0点とっちゃった」
母：「まあ、0点とっちゃったの」

……これでもかなり子どもは「ガーン」となりそうです。0点という強烈なインパクトのある単語はあえて繰り返す必要はありません。ただ、直後に「でもいいじゃない、次頑張れば！」「よかったじゃない、次は何点とっても成績アップよ」とポジティブなセリフをつなげばよいでしょう。

**子：「あたし、あの子が憎いの。殺してやりたいとかって思うの」**
**母：「まあ、殺してやりたいの」**

さすがにこれは避けたほうがよいでしょう。繰り返しは、子どもの中にビビッドなイメージを広げる役割を果たすもの。「繰り返し」はポジティブな場面でこそ、大いに活用したいものです。

この場合であれば、たとえば、「ふーん、そうか。そう思っているのね」「それくらい激しい思いがあるのね」などと返したいものです。

## ヒント63 思わず「尋問」したくなったときは軽くおどけた調子で

「中学生の息子が学校をさぼって遊んでいるのを、同級生のお母さんが目撃」

などという場合、きちんと本人から事情を引き出さなくてはなりません。

そんなときの問いかけ方はさすがに、コーチングでは禁じ手の「尋問・詰問モード」になってしまうのでしょうか？

いえ、そんなことはありません。「なにやら楽しいトコ行ってきたらしいけど、本当のとこどうなのよ（笑）」など、軽くおどけた調子で問いかけてみるのが一番です。

頭から叱りつけられるわけではない、と感じた子どもは、少しずつでも、必要な情報を出してくれるでしょう。あとはいつものコーチングと同じように、少しずつ引き出せばよいのです。

「そこで、何か食べた？　おいしかった？」
「えへへ、サボってみてどうだった。ドキドキした？」
「なんでまた、そんなことしようと思ったの」

などと、正直な気持ちを引き出してみましょう。
　なお、この場合はきちんとした反省を促すことも不可欠です。それには、

「その制服見て、まわりの人たち、『あっK中の子がサボってる』って思ったかなあ」
「クラスの子はどう思ってるだろう」
「さて、今日はさぞかしいろいろ学んだでしょう。これからはどうする？」

と問いかけることが大切です。叱らず、前向きに「諭す」姿勢で臨みましょう。

## 🌱 ヒント64 友だちに誘われて「悪さ」をしても「人」を責めない

　友人に誘われて、一緒に悪いことをしてしまう、というパターンもあるでしょう。そんなときの言葉かけにも注意が必要です。

「あの子はろくなことを吹き込まないわね」

「あの子にそそのかされただけなんでしょ？　とんでもない子ね」

などはNG。「人」と「こと」をきちんと分けることが大切です。やった「こと」が悪いのであって、やった「人」のことまでを否定することはありません。悪い行いをしてしまった、ということは誰にでもあります。しかし、「悪い人」は、厳密にいえば、この世に存在しないのです。

「ダメな行いはあっても、ダメな人はいない」──これを肝に銘じるようにしましょう。

コーチングは、人の可能性を信じるコミュニケーションです。わが子についてはもちろんのこと、その友人についても、可能性を信じることが必要です。改めるべき「こと」だけを、きちんと指摘する心がけが大切です。

### 🌱 ヒント65 子どもが語りにくそうにしているときは、場所を移動する

何か言いたげだが、うまく言えない。悩んでいるらしいが、引き出せない。そんなときは焦らず、子どもが話したくなるまで待つことが大切です。

ただし、漫然と待つだけでは不十分。いろいろと、工夫も試みましょう。

たとえば、「ま、とにかく手を洗っておいで」と洗面所に行かせる。

「おやつにしよう。お皿セットして」と、食器棚のほうに行かせる。

あるいは、「お母さんこれからお買い物に行くけど一緒に行かない？　歩きながら話そうよ」というパターンもあります。

体が一箇所に固定されていると、意識も固定されてしまうものです。悩んだり困ったりしているときはとくに、その状態にがんじが

らめになってしまいがちです。その雰囲気を一新するためにも、体を動かす、目に見える風景を別のものにする、といった対策は効果的。子どもに元気がないときは、ぜひ試してください。

## 🌱 ヒント66 「YES・NO」と「自由回答」の上手な使い分け

また、悩んでいるときはたいてい、そうなめらかには語ってもらえないものです。重い口を開かせるのに少々努力が必要なこともあります。

むりやり語らせるのはもちろん禁物です。そのかわり、「できるだけ答えやすい問いかけ方」を工夫することが大切です。

第３章でも少し触れましたが、質問には、いくつかの種類があります。

① 「YES・NO」で答えられるもの。「学校で何かあったの？」など。

② 「二択」・「三択」など、選択して答えられるもの。「ＡとＢ、どっち？」など。

③ 自由回答。「どう思う？」「なぜ、そう考えたの？」など。

子どもが一番楽なのは①、一番エネルギーを使うのは、自分で考えなくてはいけない③。そして中間が②です。口をひらくのも憂鬱そうなときは、「うん」「ううん」だけで答えられる①を、逆にうっぷんが溜まっていて話したそうなときは③を、と柔軟に使い分けてください。

なお、①ばかり使っていると、まるで誘導尋問のようになってしまいます。

「で、どうしたの？　先生には言ったの？」「ううん」
「先生に言ったほうがいいと思わない？」「うん」

では、結局子どもをいいなりにしているのと同じこと。子ども自身が意志や意見を語れる②や③を必ず組み込むようにしましょう。

## 🌱 ヒント67 クエスチョンのタイミングをはかる

子どもと話すチャンス、タイミングは限られています。こちらも仕事や家事がありますし、子どもも学校や習い事や宿題など、いろいろと都合があるものです。

そんな二人のタイミングが合う4大チャンスは、朝・帰宅時・夕食時。就寝前。この機会をつかんでぜひ話をしたいものですが、この4つには、それぞれ適した話題・適さない話題があります。

朝は、話をじっくり聴いたり、こちらから込み入った話をしたりするというのは適さない時間帯です。お母さんも忙しいし、子どもも急いでいるからです。よほど時間のあるとき以外は、まず笑顔で「いってらっしゃい！」「気をつけてね！」と声をかけ、笑顔を見せる、ということを優先してください。

朝、送り出すときには、できればちょっとしたスキンシップをおすすめします。小さい子どもなら抱きしめる、だんだん照れが出てきたら肩をポンポンと叩く、など。体に触れてもらうことは、子どもにとって大きな安心になります。

帰宅時は、まず子どもの様子を「見る」ことが必要。詳しくはのちほどご紹介しますが、今日は楽しい一日だったのかな？ つまんない一日だったかな？ と、表情や声の調子から読み取ってみましょう。その後、実際に本人の話を聴きます。おやつを食べたりしながら、今日あったこと、楽しかったこと、おもしろかったことなど報告を聴きましょう。「学び探し」「ありがとう探し」など「宝探し系」の質問をするにも、帰宅直後のひとときがピッタリです。

夕食時は、本人の考え・価値観・好きなものなどを聴くのに適し

第5章 ❤子どもの笑顔を引き出すためのコーチングスキル　**127**

ています。食卓のメニューから「好きな食べ物の話」をするのもいいですね。楽しいノリで、でもじっくりと、子どもが考えていることに耳を傾けましょう。

　就寝前は、一番「守備範囲」の広い時間帯。好きなものの話、夢の話、昼間はゆっくり聴けなかった今日一日の報告、宝探し、なんでもOK。また、じっくり悩みを聴いたり、もつれた感情をときほぐしたりするなど、ネガティブ状態をリセットするにもピッタリです。最後は「今日も頑張ったね」「また明日」「おやすみ」と、愛情を込めたあいさつで終わりましょう。

## 🌱 ヒント68　ほめ言葉は出し惜しみせずに

　子どもはほめて育てよう──。このセオリーは、今や常識となりつつありますね。

　「かわいいね」「似合うね」「上手ね」「やさしいなあ」「思いやりがあるのね」「感性が豊かだわ〜」「器用なのね」「足、速いんだ〜」「モテるでしょ」「スジがいいわね」「お行儀がいいのね」「元気いいわね」「かっこいい！」「それイケてるわ」……。

　子どもをほめる言葉は無数にあります。コーチングのときには、「そうなの、よく思いついたね」「うわあ、それセンスいいなあ」「そうか、すごく考えて行動してるんだね」など、あいづちと組み合わせて、ほめるとよいでしょう。

　何をほめていいかわからないときは、「あなたがいてくれて本当に幸せだわ〜」「一緒に話をしていると楽しいわ」などのように、楽しさを伝えます。

　ただし、言いっぱなしではいけません。ほめながら、子どもがどう言われたときに喜ぶかをきちんとチェックしておきましょう。「ピアノ上手ね〜」には「ま〜ね」だった子どもが、「おもしろいこと

考えるねえ」には表情をパッと輝かせり、得意げにニヤッとしたとしたら、それがその子の「ツボ」。その子は、自分の考え方の個性やおもしろさをほめてもらうとうれしいのです。その後も、その子のユニークな考え方に注目し、折に触れてほめる習慣をつけるようにしたいものです。

　なお、ほめ方の典型的なパターンとして、次の5つをご紹介しましょう。上手にほめるうえで活用してみてください。

**❶ とにかく何かをほめる**

　ほめるポイントは、よくできたことや、すばらしいことだけではありません。子どもの言動で、些細な進歩、ちょっとでもいいなと思うことがあれば、すぐにほめることが大切です。ほめようと思って観察すると、必ず1つや2つ、ほめるところが見つかるものです。

**❷ その背景を訊く**

　うまくいったことをほめたら、次に、何を、どこで、どうやって、うまくいったのか、といったところまで掘り下げていきましょう。そうすると、最初にとりあえずほめたところとは違う新たなほめるポイントが見つかってくる場合もあります。

**❸ 展開する**

　ひとつのことをほめたら終わりではなく、話をさらに広げることが大切です。たとえば、「へえ、それで、どうなっていくの？」「それから、それから？」と、子どもの話に興味をもっていることを示すと、話が続き、さらに多くのほめ言葉が自然と出てくるようになります。

**❹ はずしたら切り替える**

　ほめたつもりなのに、相手の反応が今ひとつだった。そんなときもあるでしょう。その場合、1つのポイントにこだわってさらに大げさにほめるのではなく、切り替えることも必要です。別の側面を

見て、ほめるポイントを探しましょう。

**❺ 最後はほめて（あるいは感謝して）締める**

どんな会話でも最後は、ほめ言葉で終える、あるいは感謝の言葉をかけて締めくくる。これが翌日も笑顔のコミュニケーションを続けていくカギになります。お互いの気持ちが通じ合い、信頼関係を高めることにつながります。

🌱 **ヒント 69** **母親のドジ、笑える話を活用しよう**

クエスチョンとは違いますが、会話の呼び水として「笑いをとる」のは大いにおすすめです。

「今日さ、回転ドアを一回転回ってまた外に出ちゃった」
「今朝、メガネかけたまんま洗顔しちゃったのよ」

など、ドジ話を披露するのもおもしろいですね。それをきっかけに、「そういえば私も……」とおもしろい話を交換し合うこともできます。

また、第三者の「笑える話」も、もちろん有効です。ただし、悪口にならないように注意が必要です。そのあたりは親としての「良識」と常に相談しながら話すようにしましょう。目的は、あくまで「子どもの笑顔を引き出すこと」。子どもの経験、子どもの思い、子どもの価値観を、飾らずに話させることを目指してください。

「ドジ話」「笑える話」は、その飾り気のない楽しさ、笑いを呼ぶための環境づくりに使うものである、と覚えておきましょう。

🌱 **ヒント 70** **すべっても笑顔につながる**

「笑える話」がおすすめ、とはいっても、「私、冗談なんか言えな

いタイプだし」「笑いのセンスないし、そんなの苦手」という人がいるかもしれません。

　もちろん、苦手なら無理に笑える話をする必要はありません。笑いとはいっても、プロの芸人なみのスキルを求められているわけではありませんし、爆笑を誘う必要もありません。たわいもない話やダジャレなどが出てくれば十分なのです。

　話によっては「すべる」こともあるでしょうが、それもご愛嬌。「えへへ、すべった？」と、笑っておけばいいのです。「ママ、何言ってんだかなあ」と、子どもも笑顔になってくれるでしょう。それもまた、笑いのスイッチですね。

## ヒント71　子どもの様子・変化を観察するコツ

　隠しごとがあるときは、視線をそらしがちです。照れて視線を合わせないこともありますが、そのケースよりはるかに角度が向こう向き。体の姿勢なども、正面どうしで向かい合えず、少し斜になっていたりします。体が前傾姿勢になっていることもあります。

　顔色もチェックポイントです。ツヤのあるなし、肌の張り、紅潮しているか青白いか、などを見てみましょう。まぶたの腫れがあれば、学校で泣いたのかもしれません。もちろん、うつむき加減かどうか、というのも重要なポイントです。

　また、声のトーンも大事です。大きい声で「ただいま！」と言うか、低い声でボソリと言うか、蚊の泣くような声でつぶやくか、あるいは無言か。帰宅時の第一声に気をつけておきましょう。

　食事のときは、「ご飯よ〜！」と呼んでから来るまでの時間、席につくときの表情、あるいは食卓を見たときのリアクションなどに注意。ふだんは必ず「わー、ハンバーグ！」「え〜、煮魚？」など必ずひとことある子が黙っていたらおかしい、とわかりますね。

「いただきます」からお箸を手に取るまでの時間が長い、飲み込むときの表情が暗い、無理やり飲み込んでいる、などの兆候があれば食欲がない証拠です。

これらの小さな変化を目に留めて、子どものピンチを敏感に受け止めましょう。これはおかしい、と感じたら、「どうしたの？　元気ないみたいだけど」のひとことを。

## 🌱 ヒント72 彼氏、彼女の話も上手に活用

子どもの立場に立つと、彼氏、彼女ができた、などという話は秘めておきたいもの。その子どもの気持ちを大事にしましょう。しつこく質問するのは野暮というものです。

しかし、冗談交じりに「ねーねーどんな子？　教えてくれたっていいのにさ〜」などと、「まあ、どうせ言わないだろうけど」という前提のもとにせっつくくらいは OK。これはいわば「ジャブ」「かけあい」のようなもの。子どもはここから、「あなたのことを気にかけているよ」という親の思いを受け取ります。

なお、これらの話は、きっちり事実関係を引き出すことをしなくても、十分な笑顔系クエスチョンになっています。

明らかに浮ついた、あるいはニマニマした顔で帰ってきた子どもに「あら〜なんだろ、ため息がピンク色だわ」「何？　いいことあったの？」「告白されたのかな？」などと言うと子どもは「うるさいなあ」と言いますが、それはそれでよいのです。母親の言葉から、脳の中で、しあわせな瞬間の映像がよみがえっているはずです。

この「イメージの再生」が起こっていれば、親は何も答えてもらわなくとも、目的は果たしたようなもの。それ以上はほじくり返さず、ただ子どものしあわせを喜びましょう。

第6章
笑顔のための
Q&A

**これから意識して笑顔になっていこう、とは思うのですが、意識するってことは「つくり笑い」ですよね。なんだかだましているというか、ウソをついているような気がします。**

　最初は「つくり笑い」でもまったく問題はありません。また、「ウソ」だと思う必要もないでしょう。なぜなら、これは「相手によい印象を与えたい」という誠意からしていることだからです。だましているわけではなく、気持ちよい関係を築くための笑顔なのですから、堂々としていればいいのです。

　ただ、ストレスを感じながら笑っていたり、本当は嫌いなことを好きなフリをして笑っているときは、引きつったりゆがんだ笑いになってしまうことがありますね。そういうときは無理をしないほうがよいでしょう。膨れっ面にならない、という程度に抑えておくとストレスも少なくなります。そしてもしできたら、そんな自分を客観的に見て、「私、あれこれ考えちゃってかわいいな、おもしろいな」と笑ってみてはいかがでしょう。きっと気が楽になります。ひとつ息を吐いて、リラックスしてみてください。

　それから、笑顔を「つくる」ときは、心の中で楽しいことをイメージするのが一番、ということも覚えておきましょう。この方法をとれば、笑顔をつくれるというより、「笑顔になれます」。最初はそこからはじめてみてください。

 **今、つらいことがあって、とても笑顔になんかなれないのですが……。**

　そんなときは、無理は禁物。無理に笑ってしまえば楽しい気分になる、ということもあるにはありますが、限度がありますよね。時

間をかけて、まずは「つらさ」を軽減すること、自分をいたわることに心を傾けてください。

　ちなみに、人間の記憶や意識は、短時間しか続かないものです。つらいさなかにも、おもしろいことが起こったときにはついプッと噴き出してしまうこともあるものです。「今、私はつらいから絶対に笑えないに決まっている」と決めつけてしまうと、明るい気持ちになるチャンスをのがしてしまうこともあるので要注意です。

 **小さいころから、「表情を顔に出すのはいけないこと」としつけられました。「あんたはすぐ顔に出るんだから！」と怒られていたので、笑うということに罪悪感があります。**

　あなたに「表情を出すな」としつけた親御さんは、それまで、その価値観の中に生きていたのでしょう。そして、親御さんの生きた社会ではその考え方に説得力や合理性があったのかもしれません。でも、現代の日本に生きる人は、笑顔でいるほうが良好な人間関係を保ちやすくなることはたしかです。

　どんな表情でいるべきか、という社会規範は時代によって変わります。今の世の中は「笑顔大歓迎」の時代。罪悪感をもつ必要など、まったくありません。

　また、時代を問わず、無表情で過ごすのと、表情豊かな人生を送るのと、どちらが「幸福」かといえば、当然後者だと思われます。なぜなら、それは人間として非常に自然なことだからです。もちろん、お葬式の席でニコニコしていたり、会議中にクスクス笑っていたりしたら、礼儀に反します。しかし、そんな特別な場合を除いては、他者への好意、関心、明るい気持ちをあらわす笑顔でいることは、とても人生をプラスの方向へともっていくものだと思います。

今の世の中、誘拐犯がいることがあり、非常に危険ですよね。そんな中で、人に笑顔を向けよう、と子どもに教えることには抵抗があります。

　たしかに今の世の中、簡単に他人に心を許せませんね。それはとても残念なことです。近年、人の心は全般に攻撃的になり、孤独や憎しみに駆(か)られた人が、どんどん他人を傷つけているのが現状です。しかし、だからこそ笑顔が大切だと思うのです。一人ひとりが笑顔で人とコミュニケーションをとることで、長い目で見ると、そうした犯罪も減っていくのではないかと思うのです。

　とはいえ、お母さんの心配もよくわかります。たとえば、「ニコニコしているのはOK、知らない人についていくのはダメ」というルールをつくって、親子の約束ごとにするというのはいかがでしょうか。

 いつも笑顔でいたら、異性に「私に気があるのでは」などと誤解されてしまわないでしょうか？

　誤解されても、困ったときにきちんと対処できれば問題ありません。

　たしかに、笑顔は他者への好意・関心をあらわす表情ですから、ときには「僕に気があるのか？」などと勘違いをする人が出てきてしまうこともありますね。

　その場合は、「異性としての好意ではない」ことをさりげなく伝えるとよいでしょう。会話の中に夫の話題（グチではなく）を多めに入れることで、既婚者である、という予防線を張る方法もあります。「誤解されそう」と心配して、みんなに対して笑顔を出し渋る、

なんてとてももったいないことです。起こりうるリスクはリスクとして認め、そのときに対処して、前向きに考えるようにしてはいかがでしょうか。

 **私は管理職です。笑顔でいると、威厳を保てないのではないかと思うのですが……。**

　いつも愛想よく笑っていたら威厳が保てない、部下にナメられるかもしれない、という気持ちはよくわかります。でも、24時間365日、しかめっ面でいるのもどうでしょうか。いつもいかめしい表情をしている上司が人望があるかというと、そんなことはありません。単に「いつも機嫌の悪い人」になってしまっている可能性があります。

　部下たちの労をねぎらうときなどは、親しみやすい表情をしたほうがはるかに人の心をつかむことができます。大切なのは「メリハリ」。威厳を示すときには示し、笑うべきときには笑う。これが上に立つ人ならではの態度ではないでしょうか。

 **笑顔でいるには、エネルギーが必要なのではないでしょうか。なんだか疲れてしまうのではないか、という印象を受けます。**

　慣れないうちは「笑おう」と意識するぶん、たしかに疲れるかもしれません。しかし身についてしまうと、これがむしろ楽なのです。笑顔でいるとエネルギーが湧く、ということが多いのではないでしょうか。

　なんといっても、気持ちが楽。カリカリ、イライラすることがな

くなり、おおらかな気分になれます。なぜなら、笑顔は自分の中にエネルギーを生み出すことができるからです。

　また、笑顔には伝染性があるため、周囲の人もすぐ笑顔になります。すると、「ひとりでニコニコ」するのではなくみんなの共同作業となるので、エネルギー消費量はすぐに減るはず。力がいるのは最初のうちだけ、あとはどんどん楽になる、と考えるようにしてはいかがでしょうか。

 **うちの子どもは表情が乏しくて困っています。笑顔にするよい方法はあるでしょうか？**

　表情が乏しい中にも、きっとお子さんの感情が覗く瞬間があるはず。微妙な変化に気づけるよう、まずお子さんの表情をじっくり見てあげることからはじめてください。決して「監視する」のではなく、「見守る」ようにするのが大切です。

　お母さん自身の表情もチェックしましょう。子どもの表情が乏しい場合、親も無表情であるケースもあります。笑顔が少なかったり、しょっちゅう怒った顔を見せていたりしませんか？

　もしそうなら、今日から自分の笑顔改革を。毎日の「おはよう」「いってらっしゃい」「おかえり」「いただきます」「おやすみ」のとき、今までよりレベルを３段ほどアップさせた笑顔をつくってみましょう。

　お子さんとにらめっこをしたり、第２章でご紹介した「笑顔っこ」をしたりするのもおすすめです。二人でいろいろな顔を楽しんでみましょう。

**Q9** 息子（小6）はよく笑うほうだと思いますが、その笑顔はどうもしまりがなく、品がないと思うのです。こんな笑顔でもいいのでしょうか？

　息子さんの笑顔を見ていないのでなんとも言えませんが、ほぼ確実に、気にしなくても大丈夫。成人なら、マナーという意味でも笑顔の見せ方にも気をつけるべきでしょうが、小・中学生なら問題ありません。

　万一、本当に品のない笑顔なのだとしたら、友だちに指摘されるはず。そうなれば、ご本人はお母さんに言われるよりもはるかに気にして、改善をはかろうとするでしょう。

　なお、このお子さんに限らず、10代は「美しく笑う」ことができにくくなる時期です。高校生の女の子集団などを見ていると、「ギャハハハ」と大口開けて、美しいとはいえない笑い方をしていますね。これは笑い方を通した、一種の自己主張でもあります。テレビの影響、反抗心、友だちとの連帯感を確かめるためなどさまざまな理由があるでしょうが、総じて一過性のもの。年ごろになり、さらに社会人になれば自然とおさまっていくものなので、神経質にならないほうがよいでしょう。

 **Q10** 娘は歯の矯正（きょうせい）をしていて、金具が見えるのを避けるため、笑うのを極力避けようとしています。そんなときも笑顔にさせたほうがいいのでしょうか？

　無理に笑わせようとすると、かえってかわいそうですね。矯正器具はいずれとれるものですから、現段階では、ほほえむ程度にとどめ、歯を見せる笑顔のトレーニングは保留しておきましょう。

第6章　笑顔のためのQ&A　　139

そのかわり、「外れたときが楽しみだね、そのときの笑顔をイメージしてごらん」、と言ってみてはいかがでしょうか。「矯正が終わるの、楽しみだね」と話し、気持ちの準備をしておくのです。
　「きっと魅力的な笑顔になる」というイメージを、お子さんが今のうちから繰り返し描いていれば、器具がとれた暁には、すばらしくチャーミングな女の子に変貌されるのではないでしょうか。

 **仕事をもっているため、なかなか子どもと生活のリズムが合わず、コミュニケーションの時間をとれないのが悩みです。短い時間で、笑顔を引き出すコツなどはありますか？**

　お母さんの仕事内容にもよりますが、1週間に少なくとも1回はお休みの日があるはずですね。そのときにたっぷりコミュニケーションをとるのが理想です。
　なお、日頃の生活で短時間のうちに笑顔を引き出すなら、親子だけの「お約束」が効果的。たとえばお母さんの一番の好物が「うなぎ」、お子さんの一番の好物が「スイカ」だとします。それを廊下などですれ違うたび、あるいは目が合ったとき、忍者の合言葉のように、子「うなぎ！」 母「スイカ！」と言い合うのです。
　お互いの好きなものを唐突にコールする。このシュールさ、バカバカしさが笑いのポイントです。家族の「お約束」については、第3章の「笑顔スイッチを入れよう」という項目でも触れていますので、ぜひ参考にしてください。

 **笑顔を心がけているつもりなのですが、気がつくと怒ってしまっています。そうならないようにする心がけはありますか？**

一生懸命頑張っている自分をまずほめる、そして自分を責めないことが大切です。

　つい怒ってしまうのは、我慢をかさねているからです。心に余裕がなくなりそうなときは、30分でいいから外出して、マッサージやリフレクソロジー（足つぼマッサージ）などを受けてみるのもおすすめです。

　なお、子どもが生まれたころの写真を飾っておくのもよいでしょう。意外なほど「お母さんの笑顔効果」を呼び起こします。それは、「この子が生まれたときの喜び」を思い出すからです。この原理を利用して、笑顔になるツールを家の中のあちこちに置くといいですね。

　もしお母さんにとって笑顔のイメージがオレンジ色なら、オレンジ色の小物を飾る、忙しい合間に食べるご飯のランチョンマットをオレンジ色にする、など。自分が笑顔だったときを思い出せるグッズ、笑顔になれるきっかけとなるグッズを集め、身の回りに置いておきましょう。

**Q13** 夫はいつも夜遅くに帰ってきて、いつも疲れきっていて仏頂面、ろくに会話もありません。私としては夫と仲よくしたいのですが、あまりにいつも不機嫌でいられると、つい「いい加減にしてよ」と言ってしまい、ケンカになってしまいます。ふだん、子どもを笑顔にしようと頑張っていても、これでは意味がないような気がします。

　たしかに、ご両親の関係がよいかどうかは大事な問題ですね。ご主人が仏頂面でいるときに、「なによ、私だって疲れているのよ」と言うか、「今日もお疲れさま、何かあった？　疲れてる？」と言

うかで、流れは大きく変わってきます。あなたがまずご主人にやさしく接することが、ご主人があなたにやさしくなれるきっかけとなるのです。

どうしても文句を言いたくなったら、かわいらしい伝え方を試みてください。「いい加減にしてよ！」ではなく、「ん〜怖い顔。こりゃ声かけづらいわあ」など。甘えたり、かわいいカードやメモを渡したり、という方法も。それでもなおストレスが消えないなら、ブログや日記に吐き出してみる、という方法もあります。

いずれにせよ、大事なのは「相手の性格・人格を変えることはできない」ということです。ご主人を変えようとするのは労力の無駄。まず自分が変わることが最優先です。

でも、「なんで私だけそんな苦労しなきゃいけないの？」と思うかもしれませんね。もっともです。しかし、「他者と共に生きる苦労」を送った人間だけがもつ輝きというものもあります。今は苦しみでしかないことも、振り返ると財産になります。

自分だけが努力することを「損」だと思わずに、子どものため、ひいては自分のためのレッスンだと思ってはいかがでしょうか。

自分以外の人間の価値観を認める、他者を受け入れる、他者を許す。それはとても尊いことです。そして人は誰しも、もちろんあなたも、そういう懐の深い人間になれる力を生まれながらに備えています。

そんな自分の可能性を信じて、「自分から笑顔に」をモットーとしてみてはいかがでしょうか。

 **自分の感情が抑え切れないときがあります。取り返しがつかなくなる前に、自分を変えたいのですが、何かよい方法はありますか？**

相手の言葉や行動や表情などに反応し、ついつい感情を爆発させてしまうことがあります。

　感情を抑え切れずに、お子さんに強い言葉を送ってしまうことは多くのお母さんが経験することだと思います。

　そんな自分に気がついて自己嫌悪に陥ったり、そもそもそんな気持ちにさせてしまった子どもに対して怒りが湧いてきてさらに強い言葉を吐き出したくなったりと、負の感情は雪だるま式に増えていきますので、どこかで連鎖を断ち切らなければなりません。

　相手とのコミュニケーションでは何らかの「反応」が常に起きています。

　「怒り」の感情は自分の言動のコントロールが難しくなり、当然のように笑顔も消えていくことになります。

　まずは日ごろから自分の感情を観察（モニタリング）してみてください。「あ、今、うれしい」「あ、今、イライラしてる」「あ、もやっとした」といったふうに、自分がどう感じているかを意識する癖をつけてみます。そして「不快」な感情が生まれ始めたことに気がついたら「うわあ、不快が現れた！」と心の中で叫んでみてください。不快という響きが嫌いだったら「フライ」でも「スカイ」でも「スイカ」でもいいですね。自分の感情の変化を客観的にみられるようになると冷静になれます。

　「笑顔のスイッチ」とは逆のスイッチが入っていたことに気がつけば、負の感情の連鎖を抑えるか、少なくとも感情のままに言動をおこして状況を悪化させてしまうことを止めることができるので、お試しください。

　とは言え、いつも感情のコントロールが上手くいくとは限りません。

　ご質問にもあるように、抑え切れずについつい爆発することもあ

第6章 ♥ 笑顔のためのQ＆A　143

るでしょう。

　では、そんなときにはどうしたらいいでしょうか。

　起きてしまった事実は変えられませんが、過去の色（解釈）を変えていくことはできます。

　できるだけ早いタイミングでお子さんと向き合ってみてください。

　お母さんにとっては、とても勇気がいることかもしれませんが、

「なぜあんなことを言ってしまったのか」

「そのときに、自分はどんな感情にとらわれていたのか」

「本当はどうしてほしかったのか」

「どのような期待をもっていたのか」

「その後で何を思い、どんな感情が生まれたのか」

「これからどのようにしていきたいのか」

　自分の中にあることを正直に言葉にして、お子さんに伝えてみませんか。

　お母さんの中に起きたことを正直に自己開示して届けることができれば、お子さんも自分の中にそのときに起きていたことを教えてくれるかもしれませんね。

　お互いに自分の中に起きていた気持ちを理解し合い、少しでも笑顔が戻ってくれば「もう一度やり直せるとしたら、次はどうしたらいいのかな？」など未来に向けての会話が生まれると思いますよ。


　裏技として「リカバリーショット」という方法をご紹介しておきましょう。

　たとえば、「何でそんなことしたの？　っていう気持ちに今、ママはなったわよ」というように、自分の気持ちを第三者的に客観視して言語化する方法です。

「〇〇ちゃんが約束を守れなかったから、お母さんはとても悲しくなってしまって、『もう知らない！　あんたなんか我が家の子どもではない！！　出ていきなさい！！！』って……（間をおく）言いたくなったの。お母さんの気持ち、分かる？」

というように、感情的な発言をしてしまい、それに気づいたら、すぐにフォローしましょう。

さらに「そのくらいの悲しい気持ちだったの。でもよくない言い方をしてごめんね」と謝れたら、さらにいいですね。

 **笑顔になるための習慣を教えてください。**

私（小巻）が笑顔になるために心がけていることをいくつかご紹介しますね。

まずは好きな音楽を聴くことでしょうか。

よく聴いているのはユーミン（松任谷由実さん）の「やさしさに包まれたなら」です。この曲が耳に飛び込んでくるだけで、いつもの自分でいられるような気がします。

逆にテンションが上がらないときや気持ちを高めて行動したいときは、倉木麻衣さんの「chance for you」を聴くようにしています。

軽く目を閉じて音に集中することで、余分な感情が流れて消える感じがするのです。

お仕事をしたり子育てをしたりしていると、さまざまな感情になってしまいますね。

そんなときの自分に向け、その瞬間に応じたテーマソングを決めておくといいかもですね。

スマホに入れて、すぐに聴ける状態にしておくことをおすすめし

ます。

　その他には、好きな香りを身近なものに纏わせること。

　私はハンカチに大好きな香水を含ませて携帯しています。

　さりげなく顔を拭くふりをして匂いを吸い込むと、気持ちがとても落ちつきますね。

　好きなアイテムを携帯することもいいですね。

　子どもの頃から大好きなキティちゃんのマスコットをカバンに付けておけば、目で見たり、触ったりして落ち着くことができますね。

　何れにしても、五感をフルに活用して、いつもの自分に戻れるスイッチを日ごろから準備しておくだけで、想定外の感情にふりまわされることは防げると思います。

　笑顔をつくることを意識できれば、感情はマイナスからプラスへ戻ろうとします。

　「笑顔のスイッチ」を「気持ちを切り替えるスイッチ」に使ってみましょう！

# おわりに　〜笑顔でありつづけるための提案

## ヒント73　他者と笑顔でつながること

　あなたが笑顔になる。子どもが、家族が笑顔になる。その笑顔が、家の外でも笑顔を広げる。その先々で、皆が自分の愛する者のために笑顔であろうとし、人を笑顔にしようと思い、他者に好意をもって接することができる……。そんな世の中が実現すれば、どんなにすばらしいことでしょう。

　そんなことは夢物語だ、現実的ではない、と思う人がいるかもしれません。自分と家族だけが笑顔でいるなら、他人は別にどうでもいい、と思う人もいるかもしれません。しかし、それは自然なことでしょうか？　「現実的」なことでしょうか？

　笑顔は、「人は孤独ではなく、外の世界があってこそ活かされている存在である」ということを示す象徴でもあります。笑顔になるたび、人は潜在意識の中で「私は一人きりではない」ということを確認しています。

　ならば、笑顔が他者とのつながりを広げる、というのはとても「現実的」なことではないでしょうか。そして、笑顔あふれる世界を実現することは、皆さんが思うよりもずっと簡単なことなのではないでしょうか？

## ヒント74　「自分さえよければ」がかえって不幸を呼ぶ

　「自己チュー」という言葉があります。自己中心的、つまり「自分さえよければいい」という考え方です。これと同じように、「家族チュー」とでも言いあらわせそうな家族エゴイズムが、今の世の中には増えています。

レストランで騒ぎ立てる子どもを叱らない母親。ゴミを捨てっぱなしで海岸をあとにする家族。わが子の利益を優先しない学校に怒鳴り込むモンスター・ペアレント……。

彼らは彼らなりに子ども思いなのでしょう。そして彼らなりに満足なのかもしれません。しかし、この本が目指す親子の関係はそうしたものとは違います。子どもを笑顔にするのは、「他者と交流できる、孤独でない人間に育てる」ためなのです。

自己中心的、「わが家」中心的な人々は、「自分（たち）以外のものの考え方や価値観を受け入れない」という特徴をもっています。「自分（たち）のような人間しか認めない」ということです。それはいい悪い以前に、とても孤独で不幸なことです。愛さず、愛されず、理解することもされることもなく、自分の言い分だけを主張して生きていく……。

すると、誰かを嫌う機会がしょっちゅう出てきます。不愉快な思いもしょっちゅうします。イライラすることも増え、寂しい思いもすることでしょう。それはとても不幸なことではないでしょうか。

## 🌱 ヒント 75 小さな接触のときに笑顔の種をまこう

本書を通じてお伝えしたいことは、親子のコミュニケーションです。それは、「あなたがた親子だけが」しあわせになってほしい、ということではありません。笑顔になってくれたあなたとあなたの子どもが、その笑顔を外へと広げていただきたいということなのです。

バスを降りるとき、レストランの店員さんが料理を運んでくれたとき、コンビニのバイトの学生さんからおつりとレシートを受け取ったとき、あなたはどうしますか？　運転手さんに、店員さんに、バイトの学生さんに「ありがとう」と言っていますか？　ありがと

おわりに♥〜笑顔でありつづけるための提案　　149

うとは言わないまでも、笑顔で会釈をしていますか？

　たまたま出会った他人どうしが、バスで、レストランで、コンビニで接触する。そんなときに小さな笑顔を出すか出さないかで、子どもたちの未来は大きく変わってくる――そう言うと、あなたは「まさか」と思うでしょうか？

　しかし、それは本当のことなのです。

## ヒント 76　満員電車を共有する「ご縁」

　毎朝、満員電車やエレベーターの空間を共有している人々に、親しみを抱いた人はまずいないでしょう。満員電車にゆられる人々の顔を一人ひとり見ていると、みな怖い顔をしています。不機嫌で、むっつりしていて、足をうっかり踏んでしまったりするとすごい形相でにらまれます。そういうこちらもまた、逆の立場になればにらみつけてしまいそう。満員電車の中には、ストレスと敵意が満ち満ちています。

　しかし、一度考えてみていただきたいのです。この人々とは、なんらかの「ご縁」があるのではないでしょうか。もしここで地震や停電が起こったら、彼らとは運命共同体になるわけです。そう考えると、彼らが近しい存在に思えてきませんか？

　「だから、明日から満員電車の中でニコニコしなさい」ということではありません。彼らは「敵」でもなんでもないことに気づこう、ということです。自分も含めた今の世の中の、「知らない人」に対する冷淡さ、無関心さがあまりに異様であることに、そろそろ気づこう、ということなのです。

## ヒント 77　人間の可能性を信じよう

　コーチングは、「どんな人間にも、限りない可能性がある」とい

う信念の上に成り立っています。

　子どもの笑顔を引き出すことは、子どもの可能性を引き出すことにつながります。そして、子どもが夢に向かって歩み、充実したすてきな人生を送ることへとつながります。同じように、この町で、この日本で、この世界で暮らす人々が笑顔で接し合うことは、「人類」の可能性を引き出すことにつながるのではないでしょうか。

　さまざまな人々が、互いを認め合いながら生きていける世の中。好き嫌い、容姿や財力の差、環境の違いなどが存在していても、その中でそれぞれが自分のベストを尽くし、夢を追い、可能性を開かせることのできる世の中。そんな世の中を実現することは、決して実現不可能なことではない「夢」なのではないかと思います。

　一人ひとりが笑顔になって夢を志す。それが、この途方もなく大きな「夢」をかなえることにつながっていきます。

　あなたの子どもたちが大人になったとき、今よりもっとすてきな世界になっているように……子どもたちに、笑顔の種をまきましょう。

　子どもたちの可能性を、大きく強く、育てていきましょう。

おわりに❤～笑顔でありつづけるための提案　　151

## 付録：すぐに使える笑顔系クエスチョン

### ●自分の感情を伝える笑顔系クエスチョン

いいことしたんだね
ウケる〜。それ楽しくない？
えーっ！　それってショック
感動するよね
頑張ったんだあ
信じてくれたんだ
そこまで、できちゃうの？
そりゃ、そうよね？
それ、おもしろいことじゃない？
それから、それから？
それってすごいことじゃない？
それってすごい進歩じゃない？
それってラッキーなことじゃない？
たしかにそう？
ちゃんとできちゃったね
なにい？
なんか、成長しちゃったね
なんだとお？
はは、それどういうこと？
へえ、楽しいんだ
ほんとう？　ほんま？
ママもうれしくなる話よね
ミラクルじゃん？
わかってくれる？

## ●事実・状況を確認する笑顔系クエスチョン

新しいクラスで、よかったなって思うことは何？
頭の悪いママにもわかるように言ってよ
謝ったほうがいいかなって思うことある？
いいことあった？
いい子に会った？
今まで、目を背けていたって気づいたんだね？
今日、いい顔してない？
今日一番、笑えたこと、何？
今日の授業どんなことをやったの？
クラブでどんなことをやったの？
詳しく聞かせて？
叱られたとき、先生はどんな顔してた？
先生は、なんて言ってほめてくれたの？
それって、大事件じゃない？
それって、どういうふうにやるの？
それ、どういうこと？
○○だったから、時間がかかっちゃったんだよね？
ダントツにダメだったのは、（国語）？
○○ちゃんは、なんて言ってくれた？
ちょっと、教えてよ
ツイているなあって思ったことはあった？
友だちに教わったことってある？
苦手度、何パーセント？
パワーアップしてない？
ママにも教えてくれないかな
もうけた！ってこと、あった？
もっと、ゆっくり言ってよ
ものすごいハプニングよね
わかってくれそう？

付録♥すぐに使える笑顔系クエスチョン　　153

## ●気持ち・意見を確認する笑顔系クエスチョン

あのときやったことで、今役立っているなって思うことある？

ありがたいって思わない？

いいお手本になれるわね

いいことあったって、顔に書いてない？

いいこと聞けたって思うことはある？

今、ママがどんな気持ちだと思う？

うれしい？

うれしいって、思ったんだあ

エネルギー、何パーセント？

感謝しちゃうよね

気分いい？

携帯の絵文字でいうと、どんな感じ？

これは使えるって感じたことない？

○○さんに感謝しているんだね？

自信ある？

好き？

その彼氏のすてきなところってどこ？

そのとき、どんな気持ちになった？

その問題解けたら、すごいよね

楽しい？　楽しかった？

○○ちゃんのおかげだなって思うことある？

ちょっと、ママのこと見直した？

ちょっと、さぼっちゃおうかな、って思ったんだ？

仲よしになれて、すてきじゃない？

泣ける？

何やっているときが、楽しかった？

パパのすてきなところってどこだろう？

ママがうれしい気持ちになっているの、わかる？

もうけもん、ちゃうん？

154

笑える？
悪いことしちゃったなって思った？


## ◉行動を促す笑顔系クエスチョン

一緒に、○○してみようか？
絵で描いてみようか？
お祝いしちゃおうか？
計画が頭の中にあるように見えるけど、どう？
ごめんねって言えそう？
じゃあ、どうしよっか
先生にありがとうって言うとしたらどんなこと？
○○ちゃんは、どうしたい？
ちょっと工夫するとしたら、どんなことかな？
ちょっと準備しておいたほうがいいかな、って思うことある？
どうなったか、明日もお話ししようか？
とりあえず、笑ってみよっか？
約束しよっか
やめちゃおっか？
夢に向かって、何をしていこうか？

# あとがき

2008年に「笑顔のコーチング」が誕生してから早くも11年の月日が流れました。コーチングの講座として、また、このように書籍という形で多くの方に知っていただけたことをとても有難く思います。

この間、人々の価値観を一変させてしまうような大きな災害が多々ありました。「未曾有」「かつて経験したことがない」といった文言が毎年なんらかのニュースで伝えられ、その都度私たちは自然の脅威を思い知らされ、同時に「人は一人では生きられない」ことを改めて考えるようになりました。

人は人に救われ、人で磨かれ、人に育まれます。物ではなく人、カタチではなく見えない絆こそがどれほど大切か、ということをこの11年間、誰もが学んできたのだと思います。

また、この11年で大きく変化したのが情報システムです。デジタル化の技術革新は恐ろしいスピードで進化し続け、広く膨大な情報が瞬時に行きかう世の中になりました。その結果、私たちは何を得て何を失ったのか、ゆっくり考えてみる時間もないままに日々が過ぎていきます。インターネットの社会になった今、あっという間に大勢の人とつながりますが、助け合い、学び合い、育み合えるのは、やはり身近な人とのリアルなやりとりでこそ初めて紡いでいけるのだと思います。

そして、大切だとわかっている身近な人だからこそ、わかってほしい気持ちが大きく、感情が揺さぶられて思いが伝わらないもどかしさが膨らむ、という葛藤を誰もが抱えて生きています。ことに家族という密接な関係においては、愛情ゆえに起こるコミュニケーションのすれ違いに多くの方が悩み苦しむ状況を体験していること

でしょう。

　私自身の子育ても葛藤と自分のふがいなさへの反省が山ほど詰まっています。

　ひどい言葉を投げつけてしまったこと、忙しさに振り回されて子どもの話に耳を傾けなかったこと。息子たちが私に心配かけまいとして言う「大丈夫」という言葉をうのみにして、その声のトーン、表情に気がついてあげられなかったこと、今でも思い出すと申し訳なさに涙が出てきます。

　私がコーチングを学ぶきっかけは長男が中学生のときに、同級生のママから「もっと息子さんのことを見てあげて」とお電話をいただいたことでした。

　仕事も子育ても自分なりにはかなり頑張っていました。そして、いつも疲れていて「心の中」と向き合う余裕などない状態でした。日々苛立っていて、気がつけば息子からは天真爛漫で朗らかな笑顔がすっかり消えてしまっていましたし、もちろん、私も「笑顔のママ」とは程遠い、「いつも眉間にしわのよっているママ」でした。

　コーチングを学ぶ中で、まずは自分と向き合うことを覚えました。「私はどんなことを大切に生きていきたいのか」「私が人生で実現したことは何か」「私はどんな母親でありたいのか」。学び始めのころは、どんな質問を受けても、どう答えればよいのか戸惑いました。それまで子どもの話を聴かないどころか、自分自身のこともまともに向き合ったことがなかったのです。自分と向き合う時間は、客観的に自分や人生を見る時間になりました。結果的に子どもとの関係で大切にしたいことがわかるようになりました。

　かけがえのない子ども。それは自分を成長させてくれる存在、いきがいを与えてくれる存在、笑顔でいてほしい、と願える存在であり、笑顔を願ってくれる存在でもあります。あんなに鬼母だった私

に対して、成人した息子たちは「楽しいと思う仕事をして笑顔でいられるならいいんじゃない？」と私の笑顔を願ってくれています。本当に有難いことです。

　もし、今子育てや仕事の人間関係で悩んでいらしたら、焦らずにゆっくり、まずは自分に「どうしたいの？」と聴いてあげてください。そして、笑顔を引き出し合うコミュニケーションを試してみてください。笑顔を意識する小さな一歩が、きっと心を軽くしてくれるはずです。

　今回、あらためて書籍にすることで「あのときの経験も役に立った」と、私自身が気持ちを楽にしていただいたのだと気づきました。共著の本間正人先生、NPO 法人ハロードリーム実行委員会の仲間たち、編集を担ってくださった高木繁伸さん、企画をご提案くださった内田圭介さん、中村堂の中村宏隆さんに心から感謝しております。どうもありがとうございました。

2019 年（令和元年）　初夏　　小巻亜矢

# ハロードリーム憲章
## Philosophy of Hello Dream

人は一人では生きていけません。
誰もが、よりよく人と関わり
お互いの個性を理解し、受け入れ、
強みを分かち合い、弱みを補い合い
生きていることを心から喜べる毎日を過ごす権利を持っています。
命の尊さを感じながら、今、生きている自分を
そして、周りの命を祝福するために
ハロードリーム憲章を定めます。

1 自分となかよく
　世界でたった一人しかいない自分の心とからだを大切にしよう！
　生まれてきて良かったと感じられるように、自分の可能性を信じよう！

2 みんなとなかよく
　世界中で出会える人は、何人いるだろう？
　家族や友だちと話し合い、話を聴いて、つながりを大切にしよう！

3 文化となかよく
　心を豊かにしてくれる文化は引き継がれてきた宝物！
　日本や世界の文化に触れて理解し、今度は自分がバトンを渡そう！

4 世界となかよく
　何かが違うからこそ学ぶこと、分かち合えることがある！
　それぞれの国の素晴らしさを敬い、笑顔でつきあおう！

5 地球となかよく
　私たち人間も大自然の一部、地球という美しい星の住人。
　かけがえのない地球のためにできることから始めよう！

---

　本書は、2008年11月1日に株式会社大和書房より発行された『子どもの心を開く　笑顔のコーチング』を底本として、一部を修正した上で、新たに書き起こした原稿を加えて再構成し、株式会社中村堂が「新版　笑顔のコーチング　子育て77のヒント」として発行するものです。

●著者プロフィール

## 本間正人（ほんま・まさと）

東京大学文学部社会学科卒業。ミネソタ大学にてPh.D.（教育学博士号）を取得。「教育学」を超える「学習学（Learnology）」を提唱し、コーチングやファシリテーション、キャリア教育、グローバル人材育成など、幅広いテーマで活動を展開している。NHK教育テレビ「実践ビジネス英会話」の講師などを歴任。現在、NPO法人学習学協会代表理事、京都造形芸術大学副学長、NPO法人ハロードリーム実行委員会理事。著書は、「仕事で『敵をつくる言葉』『味方ができる言葉』ハンドブック」（PHP研究所）、「図解決定版 コーチングの『基本』が身につく本」（学研プラス）、「価値語100ハンドブック①②」（共著、中村堂）など多数。
https://learnology.co.jp/

## 小巻亜矢（こまき・あや）

東京大学大学院教育学研究科修士課程修了。株式会社サンリオエンターテイメント取締役、サンリオピューロランド館長、NPO法人ハロードリーム実行委員会代表理事。テーマパークの経営と同時に、自らの子育てやキャリアの体験をもとに、女性の活躍支援、子育て支援の活動を展開している。
著書は、「女神の法則～セルフコーチングで愛される自分に必ずなれる～」（講談社）、「働くママのための笑顔で中学受験を勝ち取る方法」（共著、ユナイテッド・ブックス）など。　　　　　　　　　　　　　　　　　　　　　　※2019年4月1日現在

## 新版　笑顔のコーチング　子育て77のヒント

2019年6月1日　第1刷発行

　著　／本間正人　小巻亜矢
発行者／中村宏隆
発行所／株式会社　中村堂
　　　　〒104-0043　東京都中央区湊3-11-7
　　　　湊92ビル 4F
　　　　Tel.03-5244-9939　Fax.03-5244-9938
　　　　ホームページ　http://www.nakadoh.com

印刷・製本／新日本印刷株式会社

©Masato Homma, Aya Komaki
◆定価はカバーに記載してあります。
◆乱丁・落丁の場合はお取り替えいたします。

ISBN978-4-907571-57-3